企業活動に係る
クロスボーダー取引・
国際間投資の税務

税理士・米国公認会計士

丹菊 博仁 [著]

はじめに

　今日では，日常的に，人や資本が国境を越えて移転するクロスボーダー取引が発生します。これらの移転には，人や資本が，元々存在していた国において課税が生じます。いわゆる居住地国課税です。さらに，人や資本が活用される国においても課税が生じます。これが，源泉地国課税です。このような国際的な課税関係を整理・集約した税務分野が，国際税務です。

　本書では，Chapter1 において，企業のクロスボーダー取引の国内外の課税関係について，ケーススタディ方式の解説を試みました。ケーススタディ方式を採用したのは，企業が置かれた様々な環境において生ずる問題を個別に解説するのが，最終的には国際税務の理解につながると考えたからです。

　Chapter 2 は，国際税務の主要論点の解説です。概念が抽象的となりがちな論点については，理解しやすいように計算例を加えています。

　Chapter 3（補論）は，Chapter 1・2 において個別に解説した国際税務の論点を，再整理した章です。

　個人的には，税務の専門家から，国際税務に関する質問を受けることが多いのですが，多くの質問者は，結論に至るロジックとその根拠法令を重視しています。本書においては，この点を意識し，根拠法令を，解説文の直後に記載することを心掛けました。このため，同一の根拠法令が何度も登場することがありますが，前の解説文を遡って参照するよりも，読者にとって時間の節約になると考え，このような説明方式としました。

　税法用語の定義の多くは，各税法の冒頭の定義規定に集約されていますが，すべてが定義規定に置かれている訳ではありません。個別用語の定義

は，各条文の前後に置かれていることが多いので，この前後の位置関係を，根拠法令の説明において明確にすることが，読者の理解につながると考えました。

各章の具体的な内容は次のとおりです。

Chapter 1

本章では，法人税・所得税・租税条約の考え方を，ケースごとに横断的に解説しています。租税条約が適用されない消費税の課税関係についても同時に解説しました。

説明は，ケーススタディ方式をとっていますので，あるケースの説明の中に，他のケースの説明と重複しているものもあります。例えば，国際税務には「恒久的施設なければ事業所得課税なし」の基本的なルールがありますが，このようなルールについては，抽象的な説明にとどまらず，様々な取引場面での適用関係を示すことによって，読者の理解が深まるのではないかと考え，繰り返し解説しました。

また，税務の理解には，他の法律分野の知識が必要になることがありますので，随所に著作権法の説明を加えています。

Chapter 2

本章では，国際的な資本投資から生ずる国際税務の主要論点を解説しています。資本投資の典型は，自国外の法人の設立やM&Aによる直接投資です。直接投資に伴う国際税務の論点には，移転価格税制，外国子会社合算税制がありますが，これらの論点については，日本企業のアウトバウンド直接投資を念頭に置いて解説しています。

直接投資には，自国外に取引拠点を設置する形態もみられます。その際の最重要論点は，その海外拠点が恒久的施設と認定され，投資先国におい

て法人税の課税が生ずるかどうかですので，恒久的施設の考え方について基本的な解説を行いました。

　外国企業が行う日本へのインバウンド直接投資には，資金調達方法によって課税関係が生ずる可能性のある過少資本税制・過大支払利子税制について解説しています。

　国際間の投資には，金融資産への投資による間接投資の形態もあります。このうち，個人の国外証券投資には，国内の金融機関が設ける特定口座を利用することができます。一方，海外の金融機関を介した特定口座を利用しない外国投資信託への投資も可能です。この場合には特定口座を利用できないため，日本と海外の信託税制の相違もあり，所得税の申告が困難になりがちな点を解説しています。

　本章の締めは，為替デリバティブの時価評価に関する解説です。為替デリバティブは，外貨建資産・負債の為替変動リスクを軽減するために広く利用されていますが，日本独特の制度として，為替デリバティブの時価評価を行わない振当処理についても触れています。

Chapter 3

　本章では，前章までに部分的に解説を試みた国内外の二重課税排除制度について包括的な解説を行いました。日本は二重課税排除制度として，外国税額控除制度と外国子会社配当益金不算入制度を採用していますので，これらの解説が中心です。さらに，国内外の二重課税軽減を目的として締結される租税条約についても，全体的な解説を行いました。

　最後は，日本の消費税の解説です。解説の中心は課税対象を判定するための内外判定と免税の範囲です。消費税は，内国法人・外国法人の区別なく，すべての事業者に納税義務が生ずることにも言及しています。

　税務関係の解説書には，参照条文を省略した実務書も出版されています

が，本書は税法六法等を参照しながら読めるような体裁となっています。税法条文等に興味がない読者は，スルーすればよいだけですので，堅苦しく考えないで，本書を手に取っていただけることを願っています。

丹菊　博仁

Contents

凡例

本書で使用した税法通達等の略称は以下のとおりです。

法法	法人税法
法令	法人税法施行令
法規	法人税法施行規則
法基通	法人税基本通達
地方法	地方法人税法
所法	所得税法
所令	所得税法施行令
所規	所得税法施行規則
所基通	所得税基本通達
消法	消費税法
消令	消費税法施行令
消規	消費税法施行規則
消基通	消費税法基本通達
地法	地方税法
地令	地方税法施行令
措法	租税特別措置法
措令	租税特別措置法施行令
措規	租税特別措置法施行規則
措通	租税特別措置法関係通達
通則法	国税通則法
通令	国税通則法施行令
通規	国税通則法施行規則
国基通	国税通則法基本通達
憲法	日本国憲法
関税令	関税法施行令
商	商法
民	民法

復興財確法	東日本大震災からの復興のための施策を実施するために必要な財源の確保に関する特別措置法
会法	会社法
会計規	会社計算規則
実特法	租税条約の実施に伴う所得税法、法人税法及び地方税法の特例等に関する法律
実特規	租税条約等の実施に伴う所得税法、法人税法及び地方税法の特例等に関する法律の施行に関する省令
金商法	金融商品取引法
投信法	投資信託及び投資法人に関する法律
外為法	外国為替及び外国貿易法
銀行規	銀行法施行規則
別表	法人税等各種別表

指針	移転価格事務運営要領の制定について（事務運営指針）
外貨基準	外貨建取引等会計処理基準
収益認識適用指針	収益認識に関する会計基準の適用指針

OECD	OECD モデル租税条約
日米	所得に対する租税に関する二重課税の回避及び脱税の防止のための日本国政府とアメリカ合衆国政府との間の条約
日蘭	所得に対する租税に関する二重課税の回避及び脱税の防止のための日本国とオランダ王国との間の条約
日印	所得に対する租税に関する二重課税の回避及び脱税の防止のための日本国政府とインド共和国政府との間の条約
日独	所得に対する租税及びある種の他の租税に関する二重課税の除去並びに脱税及び租税回避の防止のための日本国とドイツ連邦共和国との間の協定
日豪	所得に対する租税に関する二重課税の回避及び脱税の防止のための日本国とオーストラリアとの間の条約
日中	所得に対する租税に関する２重課税の回避及び脱税防止のための日本国政府と中華人民共和国との協定

日星	所得に対する租税に関する二重課税の回避及び脱税の防止のための日本国政府とシンガポール共和国政府との間の条約
旧日独	所得に対する租税及びある種の他の租税に関する二重課税の除去並びに脱税及び租税回避の防止のための日本国とドイツ連邦共和国との間の協定
日英	所得及び譲渡収益に対する租税に関する二重課税の回避及び脱税の防止のための日本国とグレートブリテン及び北アイルランド連合王国との間の条約
日越	所得に対する租税に関する二重課税の回避及び脱税の防止のための日本国政府とベトナム社会主義共和国政府との間の協定
日香	所得に対する租税に関する二重課税の回避及び脱税の防止のための日本国政府と中華人民共和国香港特別行政府との間の協定

Chapter 1

ケーススタディ
企業のクロスボーダー取引

　本章では，企業のクロスボーダー取引を，日本企業の対外取引（アウトバウンド取引）と外国企業の対内取引（インバウンド取引）の違いを意識して，取引関係者に生ずる国際税務上の諸問題を解説します。これらの解説は，税目を限定しないで，ケーススタディ形式で行います。

CASE 01　輸出取引

当社は東京都内に本店を有し，外国通貨建で商品を海外に輸出しています。

1　輸出先国の法人税が課されることはありますか。
2　輸出売上の認識と測定はどのように行うべきでしょうか
3　消費税の課税関係を説明してください。

1　通常は，輸出先国で法人税が課税されることはありません。

2　輸出契約において定められた貿易条件により売上の認識時期を決定すべきです。外貨建ての収益は，引渡し時点の為替レートで円に換算します。

3　貿易条件で定められた商品の引渡場所が国内ならば免税，国外ならば不課税です。

説明

1　輸出先国の法人税課税

（1）　輸出取引に関する法人税課税の国際ルール

　貴社は，国内（法法2一）に本店を有する内国法人（法法2三）です。内国法人は，日本の法人税法によって，法人税を納める義務がありますが（法法4①），輸出先国の法人税を納める義務があるかどうかは，その国の税

法次第です。

　そうだとしても，各国の法人税の課税に関しては，「恒久的施設なければ事業所得課税なし」の国際ルールがあります。恒久的施設（Permanent Establishment：PE）には，様々な形態がありますが，輸出企業の場合，販売先国に設けた支店等の固定的施設と考えればいいと思われます。

　日本は，外国企業に対する課税について，国際ルールに基づく法人税法の規定を有しています。したがって，輸出先国も日本と同様な法人課税のルールを設けていれば，日本の法人税と同様な課税が行われることが推測できます。

　日本の法人税法は，外国法人に課する法人税の納税義務を，国内源泉所得（法法138①）を有するときに限定しています（法法4③）。法人税法は，国内源泉所得について，包括的な定義規定を置いていませんが，所定の国内源泉所得が限定的に列挙されています（法法138①一～六）。これらの国内源泉所得には，外国法人が，日本支店等の恒久的施設（法法2二十の十九）を通じて事業を行う場合に，その恒久的施設の活動から生じた所得（恒久的施設帰属所得）が含まれています（法法138①一）。しかし，外国法人が，日本に恒久的施設を有さず，又は，有していたとしても，その恒久的施設を通じないで，日本向け輸出から得られた所得は，他の国内源泉所得（法法138①二～六）のいずれにも含まれていませんので，日本の法人税は課されません。

　このように，日本が外国法人に対する法人税の課税は，「恒久的施設なければ事業所得課税なし」の国際ルールに基づいていますので，貴社の商品の輸出先国が，このような国際ルールに準拠した課税方式を採用していれば，貴社は，輸出先国において法人税が課税されることはないと思われます。

（2）　租税条約の検討の必要性

　諸外国はそれぞれの主権に基づく固有の課税権を有しています。したがって，貴社の商品輸出先国が，貴社に対してどのような法人税の課税を行うかは自由なので，貴社の輸出利益に対して，その国の税法に基づき，上述した国際的なルールとは異なる課税を行う可能性はあります。

　もしも，輸出先国において法人税が課されるとすれば，貴社は，日本と輸出先国において，同一の所得に対して二重に課税を受けることになり，国際貿易の制約要因となります。

　このような二重課税をできるだけ排除するために，日本は諸外国と租税条約を締結し，日本企業が条約相手国で受ける課税と，条約相手国の企業が日本で受ける課税に，一定の制限を設けることを約束しています。

　この約束事の一つが，「恒久的施設なければ事業所得課税なし」の条項です。日本政府は，この約束事を，法人税法が定める国内源泉所得に関する規定（法法138①）を遵守することにより達成しますが（憲法98②），条約相手国においても，何らかの立法措置により，日本企業に対する課税が制限されるものと思われます。そうでなければ，日本がその外国政府と，相互主義に基づく租税条約を締結する意味がないからです。

　留意すべきは，租税条約未締結国に対する輸出です。この場合，輸出先国において貴社がどのような課税を受けるかは，現地国の税法に完全に委ねられます。

2　売上の認識と測定

（1）　認識基準

　資産の販売に係る収益の額は，目的物の引渡しの日の属する事業年度の益金の額に算入されます（法法22②，22の2①）。国際貿易においては，目的物がいつ引き渡されるかは，売買契約に定めた貿易条件を参照する必要

があります。

　なぜなら，売買契約では，契約の目的商品の移送中に滅失・破損した場合に，その損失を売手・買手のいずれが負担するか，具体的には危険負担の移転時期（リスク移転時期）を定める必要がありますが，そのリスク移転時期が商品の引渡時期，すなわち収益認識時期として相当と考えられるからです。

　国際商業会議所（International Chamber of Commerce）は，様々な貿易条件と，それぞれの解釈を，インコタームズ（Incoterms）として示していますが，売買契約の当事者がインコタームズをリスク移転の基準として合意しているならば，その解釈に沿って収益認識時期を確定するのが合理的だと思われます。

　例えば，FOB（Free on Board：本船渡し条件）や，CIF（Cost, Insurance and Freight：運賃保険料込み条件）の貿易条件では，輸出地の港で貨物が本船の上に置かれたときに輸出者から輸入者へリスクが移転します。一方，DAP（Delivered at Place：仕向地持込み渡し条件）や，DDP（Delivered Duty Paid；関税持込み渡し条件）では，輸入地の指定場所でリスクが移転します。

　インコタームズは，リスクの移転だけでなく，運賃，保険料等の費用を売主・買主のいずれが負担するかも示していますが，所有権の移転に関する基準ではありません。引渡し商品の所有権の移転時期は，売買契約において，貿易条件とは独立して定められます。

（2）　測定基準

　決済通貨が円ならば，契約対価がそのまま収益の額となります。しかし，決済通貨が外貨の場合には，その取引は外貨建取引とされ，収益の額の円換算の問題が生じます。外貨建取引とは，外国通貨で支払が行われる資産の販売及び購入，役務の提供，金銭の貸付け及び借入れ，剰余金の配当その他の取引をいいます（法法61の8①かっこ書）。外貨建取引を行った場合

には，その取引の円換算額は，その外貨建取引を行った時における外国為替の売買相場により換算した金額とされます（法法61の8①）。

外国為替相場には，銀行間の取引相場と，銀行が顧客に提示する対顧客相場の区別があります。銀行が顧客との間で外国為替取引をする場合には，銀行の手数料が加味された対顧客相場が授受されますが，外貨建取引の換算に適用する外国為替の売買相場は，対顧客直物電信売相場（電信売相場：Telegraphic Transfer Selling Rate：TTS）と対顧客直物電信買相場（電信買相場：Telegraphic Transfer Buying Rate：TTB）の仲値（電信売買相場の仲値：Telegraphic Transfer Middle Rate：TTM）です（法基通13の2-1-2）。

ただし，継続適用を条件に，売上その他の収益又は資産については取引日のTTB，仕入その他の費用又は負債については取引日のTTSによることができるとされています（法基通13の2-1-2ただし書）。

3 消費税の課税関係

（1） 消費税の課税対象

消費税は，国内において事業者が行った資産の譲渡等（消法2①八）を課税の対象としています（消法4①）。資産の譲渡等が国内で行われたかどうかの判定は，資産の譲渡の場合には，その譲渡が行われる時において，その資産が所在していた場所が国内にあるかどうかにより行うものとされています（消法4③一）。

したがって，商品の輸出取引については，FOBやCIFのように輸出地の港でリスクが移転する売買契約が締結されている場合には国内取引として消費税の課税対象とされます。一方，DAPやDDPのように，輸入地の指定場所でリスクが移転する契約の場合には，国外取引として不課税取引とされます（消基通5-7-10）。

商品の輸出が不課税取引に該当する場合には，課税売上割合の低下が想

定されますので，不課税取引のために要する課税仕入れに対して仕入控除（消法30）が適用されるかどうかが懸念されます。しかし，不課税取引であっても対象商品の輸出が課税資産の譲渡等（消法2①九）に該当する限り，売上原価項目については，個別対応方式（消法30②一）における課税資産の譲渡等にのみ要する課税仕入れに該当するものと思われます（消基通11-2-12）。

(2)　輸出免税

　事業者が国内において行う課税資産の譲渡等（消法2①九）のうち，本邦からの輸出として行う資産の譲渡については消費税が免除されます（消法7①一）。消費税法は，輸出の定義規定を置いていませんので，関税法の輸出の定義「内国貨物を外国に向けて送り出すことをいう」（関税法2①二）が，本邦からの輸出を意味するものと解されています（消基通7-2-1(1)）。

　売買契約においてDAPやDDP等の貿易条件が定められていたとしても，本邦からの輸出として行う課税資産の譲渡等（消法7①一）に該当するのではないかとの疑問が生じます。しかし，輸出免税は「国内において行う課税資産の譲渡等」に適用されますので，資産の譲渡が行われる時において，その資産が所在していた場所が国外の場合には，輸出免税の適用はありません（消基通7-1-1(2)）。したがって，DAPやDDP等の貿易条件による輸出取引には輸出免税の適用はないものと解されます。

CASE 02 恒久的施設

当社が，国外の恒久的施設を通じて商品を販売する場合には，現地の法人税が課されることは理解しましたが，次の疑問があります。

1 恒久的施設にはどのような形態がありますか。

2 現地の代理人を通じて商品を販売した場合にも課税されますか。

3 現地で課税を受けた場合，販売利益に対して，日本と現地で二重に法人税が課されますが，その排除は可能ですか。

4 日本の消費税は課税されないと思いますが，留意する点はありますか。

1 恒久的施設の一般的な形態は，支店，事務所，工場等の固定的施設です。

2 貴社のために契約を締結する権限のある代理人も恒久的施設に含まれる場合があります。

3 二重課税は，貴社が日本で外国税額控除の適用を受けることにより，軽減又は排除されます。

4 課税売上割合の計算に留意する必要があります。

1　恒久的施設の形態

（1）　恒久的施設の定義

　恒久的施設の定義は，外国法人に対して法人税課税を行う国の税法に規定されますが，販売先国が日本と租税条約を締結していれば，その規定を参照します。

　日本が締結している租税条約の多くは，OECD モデル租税条約に準拠しています。現在の OECD モデル条約の恒久的施設の規定は 2017 年に改訂されていますので，改訂前の OECD モデル条約の規定に準拠した租税条約も数多くあります。

　同条約第 5 条第 1 項は，恒久的施設を，事業を行う一定の場所であって企業がその事業の全部又は一部を行っている場所と定義しています。そのうえで，事業の管理の場所，支店，事務所，工場，作業場等を恒久的施設に含めています（OECD5 ② a～e）。

　鉱山，石油又は天然ガスの杭井，採石場その他の天然資源を採取する場所も恒久的施設に含まれます（OECD5 ② f）。

（2）　恒久的施設の他の形態

　12 箇月を超える期間存続する建築工事現場又は建設若しくは据付の工事（OECD5 ③）も，恒久的施設を構成するものとされています。

（3）　恒久的施設に含まれないもの

　事業を行う一定の場所における活動の全体が準備的又は補助的な性格のものである場合には，その一定の場所は恒久的施設に当たらないとされています（OECD5 ④）。

自社のために行う情報収集や広告宣伝に関する活動ならば，準備的又は補助的な活動に該当すると思われます。

2 代理人を通じた商品販売

（1） 一般的な考え方

　一方の締約国内において企業に代わって行動する者が，そのように行動するにあたって，反復して契約を締結し，又は当該企業によって重要な修正が行われることなく日常的に締結される契約の締結のために反復して主要な役割を果たす場合において，これらの契約が次の(a)から(c)までの規定のいずれかに該当するときは，当該企業は，その者が当該企業のために行う全ての活動について，当該一方の締約国内において恒久的施設を有するものとされます（OECD5 ⑤）。

　(a)　当該企業の名において締結される契約

　(b)　当該企業が所有し，又は使用する権利を有する財産について，当該所有権を移転し，又は，使用の権利を付与するための契約

　(c)　当該企業による役務提供のための契約

　企業に代わって行動する者には，代理権の付与状況によって，民法上の代理人（民99）・商法上の問屋（商551）等に相当する者や，貴社に雇用される現地従業員が含まれます。なお，現地従業員が労務を提供する一定の場所があれば，その場所は支店としての恒久的施設に該当します。

（2） 恒久的施設から除かれる独立代理人

　企業に代わって行動する者が，当該一方の締約国内において独立の代理人として事業を行う場合において，当該企業のために通常の方法で事業を行うときは，その代理人は恒久的施設とはされません（OECD5 ⑥）。例えば，貴社が商社を起用し，その商社が通常の営業活動の中で貴社の代理人とし

て活動する限り，貴社が恒久的施設を有することにはなりません。

　ただし，その者は，専ら又は主として一又は二以上の自己と密接に関連する企業に代わって行動する場合には，当該企業について，独立の代理人とはされません（OECD5⑥ただし書）。

3　二重課税の軽減又は排除

（1）　二重課税の生ずる理由

　貴社が，販売地国において恒久的施設を有し，その恒久的施設を通じて商品を販売する場合には，上述したとおり販売地国の法人税が課税されます。

　貴社は，内国法人（法法2三）として，各事業年度の所得について法人税が課されますが（法法5），各事業年度の所得の金額は，当該事業年度の益金の額から当該事業年度の損金の額を控除した金額とされています（法法22①）。法人税法は，この益金の額又は損金の額に関し，その発生場所を限定する特段の規定を有していませんので，全ての所得（全世界所得）に対して法人税が課税されます。

　したがって，恒久的施設所在地国で生じた所得に対して，その国の法人税が課される場合には，同一の所得に対して国際的な二重課税が生じます。

（2）　二重課税の排除方式

イ　外国法人税の損金算入

　法人に課される租税の額は，別段の定めがなければ，事業年度終了の日までに債務が確定していることを条件に，当該事業年度の一般管理費その他の費用として損金の額に算入されます（法法22③二）。

　ただし，法人税法は別段の定め（法法22②）により，内国法人が納付する法人税の額及び地方法人税の額（法法38①），及び，地方税法の規定によ

る道府県民税及び市町村民税（都民税を含む）の額（法法38②二）を損金不算入としています。外国法人税については，別段の定めが設けられていませんので，外国法人税の額が損金算入されることによって二重課税は部分的に軽減されます。

ロ　外国税額控除の適用

　内国法人が各事業年度において外国法人税を納付することとなる場合には，控除限度額を限度として，控除対象外国法人税の額（法令142の2）が，当該事業年度の所得に対する法人税の額から控除されます（法法69①）。この取扱いは，税額控除ですので，赤字等が原因で法人税の額が生じていない場合や，控除限度額（法令142）を超えて外国法人税が課された場合の効果は限定的ですが，二重課税の排除又は軽減を目的とする措置です。

　控除限度額は，各事業年度の所得に対する法人税額に，当該事業年度の所得の金額のうちに当該事業年度の調整国外所得金額の占める割合を乗じて計算した金額です（法令142①）。

　調整国外所得金額は，国外源泉所得（法法69④）を基礎として計算します。国外源泉所得には16種類の所得が列挙されていますが，内国法人が国外事業所等を通じて事業を行う場合において，その国外事業所等に帰せられるべき所得は，国外源泉所得に含まれます（法法69④一）。

　なお，外国税額控除の適用を受ける場合には，控除対象外国法人税の額は損金に算入されません（法法41）。損金不算入措置には，法人税の課税所得を，控除対象外国法人税が課される前の所得にグロスアップする効果があります。

ハ　地方税の取扱い

　都道府県民税及び市町村民税には外国税額控除の適用があります。国税（法人税及び地方法人税）から控除しきれなかった外国法人税の額は，都道

府県民税法人税割，市町村民税法人税割の額から順次控除することとされています（地法53 ㉘，321の8 ㉘）。

　事業税は，法人の事業を課税対象としますが，応益原則に基づいて課する税の性質から，課税対象は国内で行われる事業に限られています。したがって，外国にその事業が行われる事務所又は事業所（恒久的施設）を有する特定内国法人（地法72 五，地令20の2の19）については，付加価値割，資本割，所得割それぞれについて，課税標準の減額措置が設けられています（地法72の19，72の22，72の24）。

4　消費税に関する留意点

　消費税の課税対象は，事業として対価を得て行われる資産の譲渡のうち，国内における資産の譲渡です（消法4 ①）。資産の譲渡の場合の内外判定は，当該資産の譲渡が行われる時において当該資産が所在していた場所により行いますので（消法4 ③一），国外の恒久的施設所在地において商品が譲渡される取引は不課税取引です。

　一方，国内で仕入れた商品を，国外支店等の恒久的施設を通じて販売する場合には，その商品を輸出する必要がありますが，その輸出は同一法人内の内部取引ですので，対価を得て行われる資産の譲渡には該当しません。

　このような資産の輸出に該当する場合には，資産の価額に相当する金額を課税売上割合（消法30 ②⑥）の分母（消令48 ①一）・分子（消令48 ①二）に加算することとされています（消令51 ③）。

　分母・分子に加算する資産の価額は，当該資産が対価を得て輸出されるものとした場合における関税法施行令第59条の2第2項の本邦の輸出港における本船甲板渡し価格です（消令51 ④）。本船甲板渡し価格とは，貿易条件をFOB（Free on Board）と仮定した場合の価格であり，FOB価格は，輸出許可通知書に記載されます。

CASE 03 | サービス取引

内国法人の当社は，国外の製造事業者に対して専門的な技術指導を行っています。このような技術指導の対価についても，当社の恒久的施設を通じて指導を行わない限り，現地の法人税が課税されることはないと考えていいでしょうか。技術指導は，当社の技術者を現地の工場に派遣して行いますが，インターネット回線を利用して，当社からリモートで指導を行うこともあります。

また，現地に派遣する技術者個人に対して，現地の所得税が課されるかどうかも気がかりな点です。

国内外の法人税，消費税，所得税の課税関係について基本的な考え方を説明してください。

1　サービス取引についても，「恒久的施設なければ事業所得課税なし」の国際ルールが適用されますので，一般的には現地の法人税が課税されることはありません。しかし，恒久的施設の範囲は租税条約によって異なりますので，現地に事務所等の物理的な拠点がなくても，恒久的施設があるものとして，現地国の法人税が課税される場合があります。

2　消費税に関しては，免税又は不課税とされるものと思われます。

3　現地に赴いて技術指導を行う個人にも，現地の所得税が課される場合があります。

1 法人税の課税関係

(1) サービス取引の形態

　国際的なサービス取引には，サービスの需要者が必要とする知識・技能等を有する人材を現地に派遣して行う人的サービスがあります。今日では，インターネット等の普及により，人材の移動を伴わない人的サービスも可能となっています。

　いずれのサービスも，「恒久的施設なければ事業所得課税なし」の国際的な課税ルールが適用されますので，一般的には，サービスの受益者の居住地国の法人税が課税されることはありません。

(2) 恒久的施設の範囲

　OECD モデル租税条約の恒久的施設の基本的な要素は，「事業を行う一定の場所」であって，商品の販売場所，製造工場に限定されるものではありませんので，人的サービスを提供する一定の場所としての恒久的施設が存在する可能性はあります。人的サービスの需要者から提供される常駐場所は恒久的施設に該当するかもしれません。

　日本が締結している租税条約の中には，一定の場所が存在しなくても，ある種の役務提供自体を恒久的施設とする条約があります。いわゆるサービス PE（Permanent Establishment）です。日本がアジア諸国と締結している租税条約の中では，対中国・インドネシア・タイ・フィリピン・ヴィエトナム条約に，サービス PE の条項がみられます。

　例えば，対ヴィエトナム租税条約は「一方の締約国の企業が他方の締約国内において使用人その他の職員を通じて役務の提供（コンサルタントの役務の提供を含む）を行う場合には，このような活動が単一の事業又は複数の

関連事業について12箇月の間に合計6箇月を超える期間行われるときに限り，当該企業は，当該他方の締約国内に『恒久的施設』」を有するものとされる。」と定めています（日越5④）。

（3）　法人税・所得税の課税方法

イ　日本の制度

　日本は，外国法人を含む法人の所得に対して，所得税と法人税を併課します。外国法人に対する所得税の課税は，所得税法上の国内源泉所得（所法161①）の中に限定列挙された所得（所法174，178）の国内における支払者に源泉徴義務を課すことにより行われます（所法212①・③）。

　法人税については，内国法人の全ての所得が課税対象なので，一部の所得に対して源泉徴収の方法により課された所得税の額は法人税の額から控除されます（法法68）。一方，外国法人については，恒久的施設帰属所得を含む法人税法上の国内源泉所得（法法138①）だけが法人税の課税対象なので（法法4③，8①，141），課された源泉所得税であっても，税額控除の対象とはなるとは限りません（法法144）。

　税額控除の対象とならない所得税法上の国内源泉所得には，所得税が源泉分離課税されることにより課税関係が完結します。

ロ　海外の制度

　海外には，所得税と法人税の区分を設けない税制を有する国もあります。法人税の中に源泉徴収の定めを置く国もあるようです。源泉徴収制度は，所得に対する課税を効率的かつ確実に行うために，広く採用されています。

　源泉徴収による課税方式は，人的サービスの対価のうち，サービスPEに帰属するものに対しても適用されます。人的サービスの対価を含む事業所得が，源泉徴収の方法によって課税される場合，租税条約には源泉地国

が課税できる上限は定められていませんので，課税標準の算定方法や税率は，各国それぞれの租税法の規定に基づいています。

　源泉徴収が行われる場合の課税標準については，グロスの支払額そのものに対してではなく，支払額に現地国が定める認定利益率を乗じた課税標準に，所定の税率を乗じて算定される場合もあります。

(4)　外国税額控除の適用上の留意点

イ　課税根拠資料の入手

　国外において法人が提供する人的サービスの対価が現地で課税される場合には，国際的二重課税が生じます。このとき，海外の人的サービス需要者から支払を受ける対価から，現地の外国法人税が源泉徴収により控除されている場合には，源泉徴収義務者から，課税標準・税率等に関する正確な情報を根拠法令とともに入手しておくべきです。なぜなら，海外で課された外国法人税について，外国税額控除の適用を受ける場合には，外国の法令により課される税が外国法人税に該当することの説明及び控除対象外国法人税の額に関する明細を記載した書類が申告書等の添付資料とされているからです（法法69㉕，法規29の4①一，34②）。

　法人税の申告実務において，外国の法令により課される税が外国法人税に該当することの説明（様式指定なし）が，確定申告書等に添付されているかどうかは明らかではありませんが，同じく添付を要する控除対象外国法人税の額に関する明細書に相当する別表6(4)には，課税方法（源泉・申告・賦課の区分），課税標準，税率等を記載することとされています。したがって，これらの記載が不十分な場合には，課された外国法人税の額が記載されていても，外国税額控除の適用が認められないこともありえます。

ロ　外国税額控除限度額

　外国税額控除制度は，各事業年度の所得に対する法人税の額（法法66①～③）のうち，当該事業年度の国外所得金額に対応するものとして計算した控除限度額を限度として，控除対象外国法人税の額を，当該事業年度の法人税の額から控除するものです（法法69①）。この控除限度額は，各事業年度の所得に対する法人税の額に，当該事業年度の所得金額のうちに当該事業年度の調整国外所得金額の占める割合（国外所得割合）を乗じて算出します（法令142）。

　国外所得割合の分子の額は，国外源泉所得（法法69④）に係る所得のみについて法人税を課するものとした場合の法人税の課税標準の性質を有する国外所得金額（法法69①）から，外国法人税が課されない国外源泉所得に係る所得を控除した調整国外所得金額です（法令142③）。この国外源泉所得には，国外において人的役務の提供を主たる内容とする事業で，科学技術，経営管理その他の分野に関する専門的知識又は特別の技能を有する者の当該知識又は技能を活用して行う役務の提供を主たる内容とする事業に係る対価が含まれます（法法69④四，法令145の5三）。したがって，国外の製造事業者に対して専門的な技術指導を行う対価は，国外源泉所得に該当します。分子の額は，国外源泉所得に係る所得なので，原価として損金性が認められる技術者の給与，販売管理費等の国外源泉所得への配分額は控除します。

　ただし，現地国の法令又は租税条約においてサービスPE等の恒久的施設が認定されない場合には，「恒久的施設なければ事業所得課税なし」の国際ルールの適用により，技術指導の対価に対して現地国の法人税が課税されることはありません。この場合には，国際的な二重課税が生ずることはなく，調整国外所得金額の計算上も，外国法人税が課されない国外源泉所得に係る所得が控除されます（法基通16-3-21）。

2　消費税の取扱い

　消費税法において，事業として対価を得て行われる役務の提供は資産の譲渡等に該当します（消法2①八）。消費税の課税の対象は，国内において事業者（消法2①四）が行った資産の譲渡等に限られますので，役務の提供が国内で行われたかどうかの判定が必要ですが，その判定は，原則として役務の提供場所で行います（消法4①・③二）。

　したがって，人的サービスのうち国外で提供されるものは不課税です。インターネットを通じた国内からの技術指導は電気通信利用役務の提供（消法2①八の三）に該当し，内外判定を，電気通信利用役務の提供を受ける者の本店所在地等で判定しますので不課税です（消法4③三）。

3　技術者個人に対する所得税の課税関係

　租税条約には，給与所得条項が設けられ，締約国の居住者がその勤務について取得する給料，賃金，その他の報酬については，勤務が他方の締約国内において行われる場合には，その勤務地国に所得税の課税を認めるのが通例です（OECD15①等）。

　ただし，同じ給与所得条項に設けられた短期滞在者免税の規定により，次のような要件を満たす場合には，勤務地国の課税を行わないのが一般的です（OECD15②等）。

- (a)　当該課税年度に開始又は終了するいずれの12箇月の期間においても，報酬の受領者が当該他方の締約国内に滞在する期間が合計183日を超えないこと。

- (b)　報酬が他方の締約国の居住者でない雇用者又はこれに代わる者から支払われるものであること。

- (c)　報酬が雇用者の当該他方の締約国内に有する恒久的施設によって負

担されるものでないこと

　内国法人に雇用される技術者が雇用者から支払われる給与は(b)の要件を満たしますが，現地国にサービス PE があれば，技術者の給与は恒久的施設によって負担され，PE 帰属所得に対する現地法人税の課税上損金に算入されます。この場合，(c)の要件を満たすことができないため，被雇用者である技術者の給与に対して，現地国の課税が認められることになります。

　現地国がサービス PE に帰属する所得の算定において，収入金額に乗ずべき認定利益率を定めている場合には，給料が恒久的施設によって負担されているかどうかの疑問が生じますが，認定利益率の算定には，技術者の給料が考慮されているものと考えられますので，給与が明示的に恒久的施設によって負担されていない場合でも，被雇用者個人に対して現地国の所得税が課税されるものと思われます。

　したがって，サービス PE の認定に伴い，技術指導の対価について，現地国の法人税が課税される場合には，個々の技術者の派遣期間が 183 日以下であっても，その個人の給与には現地国の所得税が課税されるものと考えられます。

CASE 04 無形資産取引①

当社は，コンピュータソフトウエアの開発を業とする内国法人です。この度，外国企業に対して，当社が開発したソフトウエアの複製権の利用を許諾して，使用料を得ることとしました。当社は，海外に開発拠点を含むいかなる恒久的施設を有していませんが，使用料を支払う外国企業の所在する国において法人税は課されるでしょうか。国内外の基本的な課税関係について説明してください。

租税条約には，「恒久的施設なければ事業所得課税なし」の例外として，使用料を支払う法人が所在する国の課税権を認めるものがあります。このような租税条約が適用される場合には，使用料を支払う外国企業の所在地国において，租税条約の限度税率の範囲内で所得税が課されます。

説明

1 「恒久的施設なければ事業所得課税なし」との関係

この国際ルールは，租税条約の事業所得条項が定める「一方の企業の利得に対しては，その企業が他方の締約国内にある恒久的施設を通じて当該他方の締約国内において事業を行わない限り，一方の締約国内においてのみ租税を課することができる。」を要約したものです（OECD7 ①第一文）。ところが，この条項で用いられている「企業の利得」の範囲は，必ずしも明確ではありません。

そこで，事業所得条項には，「他の条項で別個に取り扱われている種類

の所得が企業の利得に含まれる場合には，当該他の条の規定は，この条の規定によって影響されることはない。」とする規定が盛り込まれています（OECD7①第二文）。つまり，使用料が「企業の利得」に含まれるかどうかよりも，事業所得条項以外に，例えば使用料条項が，使用料を支払う法人の所在地国（源泉地国）に課税権を認めていれば，その課税権の範囲内で源泉地国は課税を行います。

2　使用料条項による源泉地国への課税権の配分

（1）　使用料の範囲

　コンピュータソフトウエアは，日本の著作権法ではプログラムの著作物として著作権法上の保護が与えられています（著作権法2①一・十の二，10①九）。著作物の著作者には，著作者人格権と著作権が与えられます（著作権法17①）。この著作者とは著作物を創作する者をいいいます（著作権法2①二）。コンピュータソフトウエアの開発者は，プログラムの著作物の著作者とされ，その著作物の複製権（著作権法21）等の著作権（著作権法21～28）を専有します。

　コンピュータソフトウエアの著作者以外の者が，そのソフトウエアを無断で複製することは権利侵害となりますので（著作権法112, 114），著作者以外の者が，ソフトウエアを複製しようとする場合には，著作者から著作権のうち複製権を譲り受けるか，著作者から複製の許諾を受けなければなりません。

（2）　源泉地国の課税権

　租税条約の使用料条項においては，著作権の使用若しくは使用の権利の対価として受領する全ての種類の支払金を使用料の範囲に含め，源泉地国の課税権の範囲を定めるのが一般的です。この課税権の範囲には，源泉地

国の課税権を一切認めないもの（居住地国だけに課税権を認めるもの），源泉地国が課税できる限度税率の定めを置くもの等があります。

3　日本の法人税の課税関係

(1)　収益の帰属時期

　原則的な法人税法の取扱いにおいては，企業会計の取扱いを踏襲して，ライセンサーが，知的財産のライセンスの供与に対して受け取るロイヤルティ（使用料）については，ライセンシーがライセンスの対象となる権利を使用する日の属する事業年度において，その使用料収益の額を益金の額に算入するとしています（法法22の2①，収益認識適用指針67，法基通2-1-30の4）。

　ただし，法人が，工業所有権等を他の者に使用させたことにより支払を受ける使用料の額について，継続して契約によりその使用料の支払を受けることとなっている日において収益計上を行っている場合には，当該支払を受けることとなっている日は，その役務の提供の日に近接する日に該当するものとして，その支払を受ける日の属する事業年度の益金の額とすることが認められています（法法22の2②，法基通2-1-30の5）。

(2)　外国税額控除適用上の留意点

　使用料が外国において課税される場合，国内外の二重課税の排除・軽減のための外国税額控除の適用を検討する必要があります。

イ　外国税額控除の適用時期

　外国税額控除は，内国法人が外国法人税を納付することとなる場合に適用されます（法法69①）。外国法人税を納付することとなるとは，外国法人税の納付義務が具体的に確定することと解されますが，その確定時期は，

原則的には，現地の税法により判断する必要があります。仮に現地の税法が，日本の国税通則法に類する規定を有しているとすれば，申告納税方式による外国法人税については，納税申告書を提出した時（通則法16①一），源泉徴収方式による外国法人税については，源泉徴収の対象となる所得の支払の時（通則法15②二・③二）に確定するものと考えられます。

ロ　国外所得金額の計算

　外国税額控除限度額の算定要素とされる国外所得金額は，国外源泉所得（法法69④）に係る所得のみについて各事業年度の所得に対する法人税を課するものとして政令で定める金額です（法法69①かっこ書，法令141の2）。国外において業務を行う者から受ける著作権の使用料又はその譲渡による対価は，この国外源泉所得に含まれます（法法69④九ロ）。

　国外所得金額は，国外源泉所得に係る所得の金額の合計額であり（法令141の2柱書），具体的には，国外源泉所得のみについて，各事業年度の法人税を課するものとした場合に課税標準となる所得の金額に相当する金額です（法令141の八①）。

　したがって，課税標準となる所得の金額の算定上，損金の額とされる売上原価，販売費，一般管理費その他の費用の額（法法22③）の算定方法が問題となります。本件の場合，売上原価には，ライセンス対象のソフトウエア（法法2二十三，法令13八リ，耐年省令別表第三）について，法人が損金経理により減価償却費として損金の額に算入した減価償却費のうち償却限度額に達するまでの金額が含まれると思われます（法法31①）。

　販売費，一般管理費，その他の費用については，国外源泉所得を生ずべき業務とそれ以外の業務に関連して生じた共通費用の額を，収入金額，資産の価額，使用人の数等の基準のうち合理的と認められる基準により，国外源泉所得に係る所得の金額の計算上損金の額として配分します（法令141の8②，法基通16-3-19の3，16-3-19の4）。

ただし，内国法人の国外業務に係る収入金額の全部又は大部分が利子，配当等又は使用料であり，かつ，当該事業年度の調整国外所得金額の占める割合が低いなどのため課税上弊害がないと認められる場合には，当該事業年度の販売費，一般管理費その他の費用の額のうち国外業務に関連することが明らかな費用の額のみが共通費用の額であるものとして，損金の額として配分すべき金額を計算することが認められています（法基通 16-3-19 の 3（注）1）。

ハ　調整国外所得金額の概念

　外国税額控除限度額は，各事業年度の所得に対する法人税の額に，当該事業年度の所得金額（法令 142 ②）のうちに当該事業年度の調整国外所得金額（法令 142 ③）の占める割合を乗じて計算した金額とされています（法法 69 ①，法令 142 ①）。

　この調整国外所得金額とは，欠損金の繰越し（法法 57）等の規定を適用しないで計算した場合の国外所得金額（法法 69 ①，法令 141 の 2）から外国法人税が課されない国外源泉所得（法令 142 ④）に係る所得を控除した金額とされ，当該事業年度の所得金額の 90％ が上限です（法令 142 ③）。

　したがって，使用料の源泉地国が同国の法令で使用料を非課税としている場合（法令 142 ④一），租税条約において源泉地国の課税権を認めていない場合（法基通 16-3-21）には，その分だけ調整所得金額と控除限度額が少なく算出されます。

ニ　外国法人税の確定時期と控除限度額発生時期との調整

　控除限度額の計算は，所得の発生事業年度ごとに行いますが，外国法人税が所得の発生事業年度とは異なる事業年度において確定することもあります。このため，当該事業年度の控除対象外国法人税の額が控除限度額を超える場合には，前事業年度から繰越された繰越控除限度額（控除余裕額）

を利用した外国税額控除の適用が認められます（法法69②）。反対に，当該事業年度の控除対象外国法人税の額が，控除限度額に満たない場合には，前事業年度から繰越された繰越控除対象外国法人税額（控除限度超過額）を利用した外国税額控除の適用が認められます（法法69③）。

　いずれの方法も，継続して外国税額控除の適用を受ける場合に限り適用されます（法法69㉖）。

ホ　控除対象外国法人税の額

　使用料に対する課税は，源泉徴収の方法によって行われる場合であっても，徴税上の便宜のため所得に代えて収入金額その他のこれに準ずるものを課税標準として課されるものであれば，外国法人税の範囲に含まれます（法法69①，法令141①・②三）。

　ただし，外国法人税の全てに対して外国税額控除の適用が認められるのではなく，一定の外国法人税の額（法令142の2）は，控除対象外国法人税の額から除かれます（法法69①かっこ書）。

　例えば，使用料について実際に課された外国法人税（外国源泉税）の額が，条約相手国において課することができることとされている額を超える部分に相当する金額，又は，免除することとされる額に相当する金額を超える金額は，控除対象外国法人税の額から除かれます（法令142の2⑧五）。

4　消費税の課税関係

　消費税法において，著作権の利用許諾行為は，資産に係る権利の設定その他他の者に資産を使用させる一切の行為に該当するものとして，資産の貸付けに含められたうえで（消法2②），資産の譲渡等（消法2①八）として取扱われます。

　資産の貸付けの内外判定は，貸付けが行われる時において当該資産が所

在していた場所によって行いますが，当該資産が著作権の場合には，その所在場所が明らかでないものとして，著作権の譲渡又は貸付を行う者の住所地（本店所在地）で内外判定を行いますので（消法4③一，消令6①七），ライセンサーが内国法人であれば国内取引です。

　さらに，国内において行った課税資産の譲渡等（消法2①九）のうち，資産の貸付けに含まれる著作権の利用許諾行為が（消令6①七），非居住者（消令1②二）に対して行われるものならば免税です（消法7①五，消令17②六）。

CASE 05 無形資産取引②

当社は，コンピュータソフトウエアの開発を業とする内国法人です。この度，当社が開発したアプリを全世界のユーザーに向けに提供し，対価を得ようと考えています。ユーザーは取引開始時に，アプリの買い切りとサブスクリプションを選択します。

当社は，海外に開発拠点，販売拠点等を含むいかなる恒久的施設を有していませんが，アプリのユーザーが所在する国の法人税は課されるでしょうか。国内外の基本的な課税関係について説明してください。

「恒久的施設なければ事業所得課税なし」の国際ルールが，原則どおり適用されますので，ユーザー所在地国において，法人税の課税を受けることはないと思われます。

説明

1 ソフトウエア取引の形態と著作権

ソフトウエア取引の中には，ベンダーが特定の企業や組織等からアプリの開発を受託する形態もありますが，ベンダーが自社開発の汎用的なアプリケーションソフトを，不特定多数のユーザーを対象として販売する形態があります。

いずれの取引形態においても，アプリの開発者には，プログラムの著作物の著作者として著作権法上の保護が与えられます（著作権法２①一・二・十の二，10①九）。アプリの買い切り，サブスクリプションいずれの場合においても，アプリの複製物が，記憶媒体の交付，ダウンロード，クラウド

等の方式によって，ユーザーに提供されますが，ユーザーの目的はアプリをコンピュータ上で走らせて楽しむこと，又は，業務上活用することにあります。したがって，アプリの複製権をはじめとする著作権（著作権法17①）が，利用許諾又はライセンスされることはなく，授受される対価にも，著作権の対価は含まれません。

留意すべきは，このような取引に締結される契約書の表題として，ソフトウエア使用許諾契約，又は，ライセンス契約等の名称を使用するソフトウエア業界の慣行です。この表題からは，複製権等の著作権が利用許諾（ライセンス）されているのではないかと想像しがちですが，その契約内容は，著作権をベンダーに残したまま，ユーザーにはソフトウエアの使用（使用権）のみを認めるものとなっています。

著作権法は，著作権者が，他人に対し，その著作物の利用を許諾することができると定め（著作権法63①），著作物の複製等の利用に関する規定を有していますが，ソフトウエアを使用する権利（使用権）に関する規定を置いていないため，ソフトウエアをインストールできるコンピュータの台数や使用権の譲渡を禁止するなどの使用条件を，ソフトウエア使用許諾契約において，個別に定める必要があります。

2 ▶ 「恒久的施設なければ事業所得課税なし」の適用

ソフトウエア使用許諾契約に基づいて，ユーザーにアプリが提供されても，アプリの著作者が有する著作権が，ユーザーに利用許諾又はライセンスされることはありませんので，租税条約の使用料条項の適用はなく，事業所得条項が定める「恒久的施設なければ事業所得課税なし」の国際ルールが，原則どおり適用されます。

3　収益の益金算入時期

　アプリが売り切り（ユーザーにとっては買い切り）でユーザーに提供される場合の益金算入時期は，ベンダーが，ユーザーに対して，アプリの使用を可能とする履行義務を充足した時と考えられます（法法22④，22の2①）。

　サブスクリプションの場合にも，基本的には，収益認識時点は買い切りの場合と異なることはないと思われますが，契約期間に応じて収益として計上すべきかについては，提供される使用権の内容に応じて個別に判断すべきものと思われます。

　例えば，サブスクリプションの対価が毎月定額で定められていても，サブスクリプション中に最新版への無償バージョンアップが予定され，その最新版提供義務を含めた使用権の内容が使用許諾（ライセンス）契約において定められている場合もあります。

　使用許諾（ライセンス）契約が，このようなサブスクリプションを内容としている場合には，期間の経過等に応じて，収益を計上することが合理的な場合もあると思われます。

4　消費税の課税関係

　何らかの記憶媒体に保存されたアプリの輸出は，売り切り・サブスクリプションいずれの方式であっても，国内において行う課税資産の譲渡等（消法2①八・九）に該当しますので，輸出免税の適用があります（消法7①一）。

　アプリが，媒体の輸出ではなく，インターネットを通じてユーザーに提供される場合には，電気通信利用役務の提供の定義規定（消法2①八の三）の中の，「資産の譲渡等のうち，電気通信利用回線を介して行われる著作物の提供」に該当します。

電気通信利用役務の提供の内外判定は，役務の提供を受ける者の住所若しくは居所又は本店若しくは主たる事務所の所在地で行いますので（消法4③三）一般的には，ユーザーが国外に居住している場合には，国内取引には該当せず，不課税です（消法4①）。

CASE 06　無形資産取引③

Q 当社は，コンピュータソフトウエアの開発を業とする内国法人です。
この度，海外の企業から，同社向けのアプリの開発を委託されました。

　当社は，海外に開発拠点，販売拠点等を含むいかなる恒久的施設を有していませんが，契約対価たる委託料に対して，アプリの開発を委託した法人が所在する国の所得税又は法人税は課されるでしょうか。ソフトウエア開発の性質を踏まえた国内外の基本的な課税関係について説明してください。

A

　「恒久的施設なければ事業所得課税なし」の国際ルールが適用されますので，委託者の所在地国において，法人税の課税を受けることはないと思われます。ただし，租税条約の使用料条項が適用される場合には委託者の所在する国において課税を受ける場合もあります。

― 説明 ―

1　アプリの開発委託と著作権

　アプリの開発委託は，ユーザーから委託を受けたベンダーが，アプリを開発・納入し，その対価が授受される取引です。一般的には，アプリを創作したベンダーがアプリの著作者となり（著作権法2①二），著作者人格権を含む著作権を原始的に取得します（著作権法17）。

　もっとも，契約目的が，ベンダーによるアプリの完成ではなく，ユーザーが開発を主導しつつ，その開発過程において，ベンダーの有する労

力・知見等のサポートを受けることにある場合には，一種の委任契約ですので，完成したアプリの著作者は発注者たるユーザーになると考えられます。

　アプリの著作者がベンダーの場合，ユーザーの目的が，アプリの著作権の複製等の利用行為ならば，著作者としてのベンダーから，著作権の利用許諾を受けるか，又は，アプリの著作権を譲り受ける必要がありますので，譲り受ける場合には，その旨を契約に定めます。その場合でも，ユーザーは著作者人格権（著作権法18，19，20）を著作者から譲り受けることはできませんので，ベンダーが著作者人格権を行使しないことも契約に定めます。

2　授受される対価（委託料）の性質と課税関係

(1)　対価の性質

　対価の性質は，アプリの著作権がベンダーから委託者に移転する場合と，移転しない場合に分けて考える必要があります。移転する場合でも，著作者人格権を除く著作権（財産権）の全てが移転する場合と，権利の一部（例えば，複製権のみ）が部分的に移転する場合があります。著作権の移転が生じない場合には，授受される対価は役務提供の対価，又は，著作複製物の譲渡対価と考えられます。

(2)　課税関係

イ　著作権が部分的に移転する場合

　授受される対価のうち，著作権の使用の権利（複製権等の利用）の対価には，租税条約の使用料条項が適用されますが（OECD12 ②等），その使用の権利とは，複数の種類の著作権の全てではなく，複製権のみのような部分的な使用の権利を意味するものと解されています。部分的な権利が移転す

る場合には，使用料条項の規定によって，源泉地国の課税権が一定範囲で認められるか（日中12②，日星12②等），又は，居住地国のみの課税が行われます（日米12①，日英12①等）。

ロ　著作権の全てが移転する場合

授受される対価の全額が，事業所得（恒久的施設なければ事業所得課税なし）又は譲渡収益に該当するものと解されています。租税条約には，著作権の全ての移転対価に対して，使用料条項が適用されるか，譲渡収益条項のいずれの規定を適用すべきかの規定を有するものがあります。旧日独租税協定は，特許権その他これに類する財産の真正ないかなる権利をも譲渡人に残さない譲渡から生ずる収益についてのみ譲渡収益条項を適用するとしています（旧日独12，13，交換公文8）。

多くの租税条約は，対価が譲渡収益に該当する場合，一定の資産の譲渡収益にだけ居住地国以外の課税権を認めています。例えば，不動産については不動産の存在する国，恒久的施設によって管理されている資産については，恒久的施設所在地国に対する課税権を認めていても，これらに該当しなければ，居住地国以外の課税権は認めません（OECD13⑤，日米13⑦等）。

以上のような規定が適用される結果として，「恒久的施設なければ事業所得課税なし」の国際ルールにより，居住地国のみの課税が行われると考えられます。

ハ　対価にアプリの著作権が含まれていない場合

授受される対価は，ベンダーが提供するサービスの対価，又は，アプリの複製物の譲渡対価と考えられますので，「恒久的施設なければ事業所得課税なし」の国際ルールにより，サービスを提供する法人の居住地国のみが，課税権を有することになります。

（1） 免税取引の範囲

著作権の譲渡の内外判定は，著作権の譲渡を行う者の住所地（本店又は主たる事務所の所在地：消令6①一かっこ書）で判定します（消法4③一，消令6①七）。したがって，内国法人による著作権の譲渡は国内取引です。さらに，非居住者に対して行われる著作権の譲渡は免税です（消法7①五，消令17②六）。

著作権の譲渡が生ずることなく，開発委託の目的が著作物を格納した媒体（著作複製物）の完成・引渡しの場合，その媒体の引渡しに伴う輸出取引は免税です（消法7①一）。

同じく著作権の譲渡が生じない場合であって，契約の目的が，ベンダーが国内で行う開発受託に係る役務提供ならば，その内外判定は，当該役務の提供地で行いますので国内取引です（消法4③二）。さらに，国内取引のうち，非居住者が国内において直接便益を享受するもの以外の役務提供は免税です（消法7①五，消令17②七ハ）。

（2） 電気通信利用役務 （消法2①八の三） の該当性

ベンダーが国内において行う開発受託が，電気通信回線を介して行われる場合には，その役務提供は電気通信利用役務の提供に該当するものと考えられます。

目的物の引渡しが，著作物として媒体の輸出ではなく，電気通信回線を介して行わる場合も，著作複製物の譲渡は電気通信利用役務の提供に該当するものと考えられます。

一方，ベンダーが原始的に取得した著作権（財産権）の譲渡は，譲渡に際し著作物の複製物が電気通信回線を介して提供されるとしても，著作権の譲渡に付随する役務の提供なので，電気通信利用役務の提供には該当しな

いものと考えられます。

　電気通信利用役務の提供に該当する場合の内外判定は，当該電気通信利用役務の提供を受ける者の本店又は主たる事務所の所在地で行いますので（消法4③三），国外に向けたクロスボーダーの電気通信利用役務の提供は不課税です。

CASE 07 海外不動産取引

内国法人である当社は，海外の不動産を取得し，その不動産から賃貸収入を得たいと考えています。賃貸収入や，取得した不動産の譲渡収益等は，海外の所得税又は法人税の課税対象とされるでしょうか。

海外で課税を受ける場合には，外国税額控除の適用を受けたいと考えていますが，留意すべき点はありますか。

賃貸収入に対しては，不動産所在地国において所得税又は法人税の課税を受けます。取得した不動産を今後譲渡する際の譲渡収入も課税対象です。

賃貸収入や譲渡収益に，現地の源泉税が課される場合には，外国税額控除の適用時期に留意する必要があります。

説明

1 租税条約が定める不動産所在地国の課税権

（1） 不動産の使用から生ずる所得

租税条約には，不動産所得条項が設けられ，不動産から取得する所得に対しては，不動産所在地国に課税権を認めるのが通例です（OECD6 ①，日米 6 ①等）。不動産所在地国の課税権は，賃貸収入にとどまらず，全ての形式による使用から生ずる所得に及びます（OECD6 ③，日米 6 ③等）。

企業が不動産所在地国に恒久的施設を有し，不動産から生ずる所得がその恒久的施設に帰属する場合には，事業所得条項の適用により，恒久的施設所在地国が課税権を有しますが，不動産所得条項では，企業が不動産所在地国に恒久的施設を有しない場合，又は，有していても当該恒久的施設

に帰属しない不動産所得に対しても，不動産所在地国に課税権を認めています（OECD6④，日米6④等）。

　なお，租税条約において用いられている「企業」は，あらゆる事業の遂行に適用されると定義され（OECD3①c），日米3①(g)等），法人企業・個人企業を含む概念です。「恒久的施設なければ事業所得課税なし」の国際ルールは，企業の利得に対して適用されますが，不動産所在地国の課税権は，不動産から所得を取得する行為が，企業に該当するかどうかとは無関係に認められます。

(2)　不動産の譲渡所得

　租税条約には，譲渡収益条項が設けられ，不動産の譲渡によって取得する収益に対して，不動産所在地国に課税権を認めるのが通例です（OECD13①，日米13①等）。不動産を所有する法人（その株式価値の多くが不動産によって構成される法人）の株式の譲渡による所得に対しても，不動産所在地国に課税権を認めるものもあります（OECD13④，日米13②(b)等）。

2　外国税額控除の適用

　内国法人が各事業年度において外国法人税を納付することとなる場合には，控除限度額を限度として，控除対象外国法人税の額を当該事業年度の法人税の額から控除することができます（法法69①）。

(1)　外国法人税の範囲

　外国法人税とは，外国の法令に基づき外国又はその地方公共団体により法人の所得を課税標準として課される税ですが（法令141①），法人の所得を課税標準として課される税と同一の税目に属する税で，法人の特定の所得につき，徴税上の便宜のため，所得に代えて収入金額その他これに準ず

るものを課税標準として課される税が含まれます（法令141②三）。

　多くの国では，法人の所得を課税標準として申告納税方式の税を課していますが，申告納税義務の履行に懸念のある納税者から税を徴収する手段，又は，早期の税収確保等を目的として，源泉徴収制度が広く採用されています。不動産の賃貸や譲渡収入等に対して，源泉徴収税方式で課される外国法人税は，利子・配当，使用料等に対して源泉徴収のみの方法で課税される外国法人税とは異なり，収益から費用を控除した所得を課税標準とする法人税の額から控除して，源泉徴収税額を精算するのが一般的です。

　源泉徴収方式によって，所得に対する税以外の税が徴収される場合もあります。この種の税は，法人の所得を課税標準として課される税と同一の税目に属する税には該当しませんので，外国法人税に該当しません。

　課された税が外国法人税に該当するかどうかに関しては，外国税額控除の適用を受ける際の申告書等に，外国の法令によって課される税が外国法人税に該当することの説明を記載した書類を添付する義務が定められていることに留意する必要があります（法法69㉕，法規29の4①一）。控除対象外国法人税を課されたことを証する書類が，添付義務ではなく，保存義務とされていることとは対照的な取扱いです（法法69㉕，法規29の4②一）。

（2）　外国税額控除の適用時期

　外国税額控除は，外国法人税を納付することとなる事業年度において適用されます。「納付することとなる」時期については，現地の税制に従って判断すべきですが，国税通則法が定める税の確定時期（通則法15，16）に準じて判断する実務が定着していると思われます。国税通則法では，源泉徴収方式による所得税は対象となる所得の支払の時（通則法15②二，③二），申告納税方式の税は納税者の申告又は税務署長等の処分，賦課課税方式の税は税務署長等の処分により，それぞれ確定しますので（通則法16①），外国税額控除の適用時期についても，これらに準じて判断します。

企業会計上，未収賃貸収入，未収譲渡収益について，発生主義に基づき債権の総額を収益計上し，課される見込みの源泉税を費用計上する会計実務には留意が必要です。法人税法上，当該収益・費用の計上が，公正妥当な会計処理基準に従っており，それぞれ益金の額又は損金の額に算入される場合でも（法法22④），外国税額控除の適用は，費用計上する外国源泉税の額が確定する時までは認められません（法基通16-3-5 かっこ書）。

（3）　控除限度額の発生時期と外国税額控除の適用時期

外国税額控除は，当期の法人税の額から，当期に確定した外国法人税の額を控除する制度ですが，当期に確定した外国法人税の全額が控除されるとは限りません。

なぜなら，外国税額控除には，次の算式による控除限度額が定められており，当期の国外所得金額に対して日本の実効税率を乗じた額が控除限度となるからです（法法69①）。

$$外国税額控除限度額＝法人税額×国外所得金額÷全世界所得金額$$
$$＝国外所得金額×（法人税額÷全世界所得金額）$$
$$＝国外所得金額×日本の実効税率$$

控除限度額は事業年度ごとに計算し，当期に確定した外国法人税の額を控除しますが，控除しきれなかった控除限度額（繰越控除限度額）は翌期以降3年間繰り越すことができます。繰り越された期に確定した控除対象外国法人税の額が，その期の控除限度額を超える場合には，繰越控除限度額を利用して控除します（法法69②）。外国税額控除は，地方法人税及び法人住民税にも認められていますで（地方法12，地法53㊳，321の8㊳），この繰越控除限度額は，外国法人税の額が，地方法人税，法人住民税の額からも控除された後の金額です（法法69②，法令143）

反対に，当期に確定した外国法人税の額が，当期の控除限度超過額を超

える場合には，控除しきれなかった外国法人税の額（繰越控除対象外国法人税額）を翌期以降3年間繰り越すことができます。繰越控除対象外国法人税額は，翌期以降3年以内の控除限度額が，その期の控除対象外国法人税の額に満たない場合には，その満たない部分を限度として控除されます（法法69③）。

（4） 予定納付等を行った外国法人税の控除時期

　源泉徴収された外国法人税が，確定申告又は確定賦課の外国法人税から控除される場合，外国法人税は，源泉徴収と確定申告等の両時点において確定しますので，それぞれの時期において外国税額控除の適用を受ける必要があります。

　ただし，いわゆる予定納付又は見積納付等（予定納付等）をした外国法人税の額を，継続して，確定申告等があるまでは仮払金等として経理し，確定申告等があった日の属する事業年度において，控除する取扱いが認められています（法基通16-3-6）。源泉徴収による外国法人税の額の確定が，予定納付等に該当するかどうかについては必ずしも明確ではありませんが，源泉徴収税額を仮払金等として経理している場合には，確定申告等に伴う税の還付時に必要となる複雑な減額調整計算を行わないことができます。

（5） 外国法人税が減額された場合の調整計算

　源泉徴収された外国法人税の額が確定申告等で精算され，源泉徴収税額の還付額（減額控除対象外国法人税額）が生ずる場合，遡って外国税額控除の計算をやり直す必要はありません（法法69⑫）。

　例えば，外国税額控除の適用を受けた賃貸料収入に係る源泉徴収税額が，7年以内に確定申告等により還付された場合，その還付額は，減額された事業年度において確定した控除対象外国法人税の額と相殺されます（法令147①②）。

相殺しきれない場合，前3年の控除限度超過額（法令144⑦）と相殺されます（法令147③）。

それでも相殺しきれなければ，今後2年間に発生する控除対象外国法人税の額と相殺されます（法令147④）。

これらによっても相殺しきれなければ，2年経過時に益金の額に算入されます（法法26③かっこ書，法令26①二）。

3 不動産所在地国に恒久的施設を設けている場合の事業税の課税関係

（1） 事業税の課税対象

法人事業税は，法人の行う事業に対して，事務所又は事業所所在の都道府県において，その事業を行う法人に対して課されます（地法72の2①柱書）。したがって，法人が国外に設けた事務所又は事業所において行う事業に対しては，いかなる都道府県もその事業に対して事業税を課することはできません。

（2） 特定内国法人に対する事業税の課税関係

内国法人で，この法律の施行地外にその事業が行われる場所で政令で定めるものを有するものは，特定内国法人とされ（地法72の19），付加価値割，資本割，所得割（地方72の19，72の22，72の24）の金額は，それぞれについて計算される国外の事業に係る部分の金額を控除して計算されます。

特定内国法人が，法の施行地外（国外）に有する事業が行われる場所は，国外の恒久的的施設に相当するものとされています（地法72五，地令10，地令20の2の19）。どのような場所が恒久的施設に該当するかは，事実認定の問題ですが，内国法人が有する賃貸不動産そのものが，事業を行う一定の場所としての恒久的施設に該当することはありません。

　　　内国法人甲社（3月決算）は，国外に本店を有するF社から外貨建て
で商品を輸入しています。輸入代金の決済にあたっては，代金決済
日（4月30日）を予約期日とする為替予約によって為替リスクをヘッジし
ています。

　　輸入と為替予約に関する取引経過は次のとおりです。
　　1月31日　　商品輸入1,000ドル（直物相場125円）
　　2月28日　　為替予約1,000ドル（直物相場124円，予約レート121円）
　　3月31日　　決算（直物相場120円，4月30日の先渡相場119円）
　　4月30日　　輸入代金1,000ドルを，為替予約を実行して決済

1　輸入代金をF社に送金する際に，所得税を源泉徴収する必要はありま
　　すか。
2　外貨建ての仕入金額と買掛金はどのように円換算するのですか。
3　決算期末の未払輸入代金を期末評価する必要はありますか。
4　為替予約はどのように処理したらいいのですか。
5　消費税の課税関係を説明してください。

1　外国法人が，日本への商品輸出から得る所得は，所得税が課税される
　　国内源泉所得のいずれにも該当しませんので，甲社は所得税の源泉徴収
　　義務を負いません。

2　仕入時の為替レートで円換算するのが原則ですが，予約レートを用いる振当処理も例外的に認められています。

3　外貨建金銭債務の換算方法に期末時換算法を選択した場合には，期末レートによる円換算が必要です。

4　為替予約は，決算期末に時価評価する必要があります。

5　商品の輸入者には輸入消費税が課されます。

〔説明〕

1　外国法人に対する所得税の課税関係

　外国法人は，外国法人課税所得の支払を受けるときは，所得税を納める義務があり（所法5④），外国法人課税所得は，その国内における支払者が源泉徴収義務を負う国内源泉所得と一致します（所法5②二，161①四～十一・十三～十六，212①）。外国法人が日本への商品輸出から得られる所得は，外国法人課税所得のいずれにも該当しませんので，輸入代金の支払者である甲社が所得税の源泉徴収義務を負うことはありません（所法212①）。

　この取扱いは，「恒久的施設なければ事業所得課税なし」の国際ルールと整合的です。

2　外貨建取引の換算

（1）　発生時の為替相場による換算

　内国法人が，外貨建取引を行った場合には，当該外貨建取引の金額の円換算額は，当該外貨建取引を行った時における外国為替の売買相場（直物

相場）により換算します（法法61の8①，法基通13の2-1-2）。外貨建取引とは，外国通貨で支払が行われる資産の販売及び購入，役務の提供，金銭の貸付け及び借入れ，剰余金の配当その他の取引をいいます（法法61の8①かっこ書）。外貨建ての商品輸入は，外国通貨で支払が行われる資産の購入に該当しますので外貨建取引です。

　したがって1月31日の仕訳は，仕入125,000円／買掛金125,000円となります。

(2)　先物外国為替契約等による換算（振当処理）

　内国法人が，先物外国為替契約等により，外貨建取引によって取得し，又は発生する資産又は負債の金額の円換算額を確定させた場合において，当該先物外国為替契約等の締結の日においてその旨を財務省令（法規27の11②）で定めるところにより帳簿書類に記載したときは，当該資産又は負債については，当該円換算額をもって，外貨建取引を行った時における外国為替相場による円換算額とすることができます（法法61の8②）。

　この先物外国為替契約等とは，上述した外貨建取引（法法61の8①かっこ書）によって取得し，又は発生する資産又は負債の金額の円換算額を確定させる契約として財務省令で定めるものとされ（法法61の8②かっこ書），為替予約（先物外国為替契約）が含まれます（法規27の11①柱書，27の7①六）。

　この換算方法は，企業会計における振当処理（外貨基準注解6）に相当するものです。

　振当処理では，2月28日の為替予約時の，買掛金4,000円／為替差損4,000円（（125円－121円）×1,000ドル）の仕訳により，買掛金の円換算額が121,000円（予約レートによる換算額）に確定します。

　振当処理の適用要件とされている帳簿記載は，日々発生する複数の外貨建資産・負債のいずれに先物外国為替契約等を振り当てるかを，先物為替

契約等の締結の日における法人の合理的な経営判断に委ねる趣旨です（法基通13の2-2-6）。

　留意すべきは，為替予約を行ったとしても，帳簿記載によって振当処理を適用するかどうかは，法人の任意である点です。

（3）　為替予約差額の配分

　内国法人が事業年度終了の時において有する外貨建資産等（法法61の9①参照）について，その取得又は発生の基因となった外貨建取引の金額の円換算額への換算にあたって法人税法第61条の8第2項（振当処理）の規定の適用を受けたときは，当該外貨建資産等に係る契約の締結の日の属する事業年度から当該外貨建資産等の決済による本邦通貨の受取又は支払をする日までの事業年度までの各事業年度の所得の金額の計算上，為替予約差額のうち当該事業年度に配分すべき金額として政令（法令122の9〜122の11）で定めるところにより計算した金額（為替予約差額配分額）を益金の額又は損金の額に算入する必要があります（法法61の10）。

　為替予約差額の配分対象となる外貨建資産等の典型は，外貨建債権及び外貨建債務です（法法61の9①一）。

　外貨建取引等会計処理基準注解7は，為替予約等の振当処理について，外貨建金銭債権債務等の取得時又は発生時の為替相場による円換算額と為替予約等による円貨額との差額（いわゆる為替予約差額）のうち，予約等の締結時までに生じている為替相場の変動による額（いわゆる直直差額）は，予約日の属する期の損益として処理し，残額（いわゆる直先差額）は予約日の属する期から決済日までの期間にわたって合理的な方法で配分し，各期の損益として処理するとしています。

　一方，法人税法は，為替予約差額を，外貨建資産等の金額を先物外国為替契約等により確定させた円換算額と当該金額を当該外貨建資産等の取得又は発生基因となった外貨建取引を行った時における外国為替相場の売買

相場により換算した金額との差額と定義していますが（法法61の10かっこ書），会計と税務に概念上の相違は見られません。

　法人税法においては，為替予約差額配分額は次のように計算するとされています（法令122の9）

イ　外貨建取引の後に先物外国為替契約等を締結した場合

・直直差額を先物外国為替契約等の締結の日の属する事業年度に配分
・直先差額を先物外国為替契約等の締結の日の属する事業年度から決済日の属する事業年度に配分

　3月31日の決算時における為替予約配分額の仕訳は，為替差益1,500円／前受収益1,500円となります。この金額は，2月28日に生じた為替差損4,000円を，直直差額1,000円（125円－124円）と，直先差額3,000円（124円－121円）に分解したうえで，直先差額3,000円を，2月28日から4月30日までの期間に，決算日の3月31日を基準に期間按分したものです。

ロ　先物外国為替契約等を締結した後に外貨建取引を行った場合

・直先差額を先物外国為替契約等の締結の日の属する事業年度から決済日の属する事業年度に配分

　例えば，次のようなケースはロに該当します。

11月30日　為替予約1,000ドル（直物相場130円，予約レート126円）
1月31日　商品輸入1,000ドル（直物相場125円，4月30日の先渡相場122円）
3月31日　決算（直物相場120円，4月30日の先渡相場119円）
4月30日　輸入代金1,000ドルを，為替予約を実行して決済

　このケースでは次のような仕訳を行います。

1 月 31 日　仕　　　入　　125,000 円 ／ 買 掛 金　125,000 円

　　　　　　　　　　　　　　　　　（直物相場 125 円×1,000 ドル）

　　　　　　為替差損　　　　1,000 円 ／ 買 掛 金　　　1,000 円

　　　　　　　　　　　　　　　（直先差額：126,000 円－125,000 円）

　3 月 31 日　前払費用　　　　333 円 ／ 為替差損　　　　333 円

　　　　　　　　　　　　　（1,000 円×1/3：直先差額の期間配分）

　4 月 1 日　為替差損　　　　333 円 ／ 前払費用　　　　333 円

　4 月 30 日　買 掛 金　　126,000 円 ／ 現金預金　126,000 円

　ただし，会計上は，実務上の簡便性から，次のように外貨建取引を予約相場で換算して，直先差額を期間配分しないことも認められます（外貨基準注解 7 かっこ書）。

　1 月 31 日　仕　　　入　　126,000 円 ／ 買 掛 金　126,000 円

　なお，上記イ・ロいずれの場合においても，短期外貨建資産等については，為替予約差額の配分を行わず一括計上することが認められます（法法 61 の 10 ③，法令 122 の 10）。

3 未払輸入代金の期末評価

　外貨建ての未払輸入代金は外貨建債務（法法 61 の 9 ①一かっこ書）なので，事業年度終了の時の外貨建ての債務残高を，発生時換算法又は期末時換算法により円換算する必要があります（法法 61 の 9 ①一イロ）。

　ただし，外貨建債務を含む外貨建資産等（法法 61 の 9 ①かっこ書）について，振当処理（法法 61 の 8 ②）の適用を受けたものについては，その円換算額が，そのまま期末時換算法による円換算額とされます（法法 61 の 9 ①一ロかっこ書）。

期末時換算法による換算を行った場合には，簿価との差額（為替換算差額）は益金の額又は損金の額に算入されます（法法61の9②）。

法人は，発生時換算法・期末時換算法のいずれかを選定することができますが，選定しなかった場合には，短期外貨建債権・債務（法令122の4一）については期末時換算法，それ以外の外貨建債権・債務には発生時換算法が適用されます（法令122の7）。

期末時換算法を選定し，振当処理の適用を受けない場合には，3月31日（事業年度末）の買掛金5,000円／為替差益5,000円の仕訳により，買掛金の期末簿価は120,000円（125,000円−5,000円）となります。

4 為替予約の処理

為替予約については，予約内容等を帳簿に記載して振当処理を行うことができますが，これは例外的な取扱いです。

内国法人が，デリバティブ取引を行った場合において，当該デリバティブ取引のうち事業年度終了の時において決済されていないもの（未決済デリバティブ取引）があるときは，その時において当該未決済デリバティブ取引を決済したものとみなして財務省令（法規27の7③）で定めるところにより算出した利益の額又は損失の額に相当する金額（みなし決済損益額）を，当該事業年度の益金の額又は損金の額に算入する必要があります（法法61の5①）。

このデリバティブ取引には，為替予約（先物外国為替取引）が含まれます（法規27の7①六）が，上述した振当処理（法法61の8②）の適用を受ける場合の為替予約取引等は，未決済デリバティブ取引には含まれません（法法61の5①かっこ書）。

したがって，事業年度末の3月31日には，みなし決済損益額2,000円（損失：2円×1,000ドル）を損金の額に算入します。損失の発生理由を平

たく言えば，3月31日に，4月30日を決済期日とするドル買予約をしていれば，4月30日に119円でドルを買えたのに，2月28日に121円のドル買予約をしたので，4月30日には，121円でドルを買わざるをえないことが，1ドル当たり2円の損失発生になるというイメージです。為替予約の時価評価によって損失が発生したと考えることもできます。

　当該事業年度の益金の額又は損金の額に算入されたみなし決済損益額は，洗い替え処理により，翌事業年度の損金の額又は益金の額に算入されます（法法61の5④，法令120①）。

5　消費税の課税関係

　FOB（Free on Board）やCIF（Cost ,Insurance and Freight）のように，国外で商品が引き渡される貿易条件の場合，その取引は資産の譲渡等（消法2①八）には該当しますが，内外判定は当該譲渡が行われる時において当該資産が所在していた場所で行いますので（消法4③一），不課税（国外取引）です。

　しかし，保税地域から引き取られる外国貨物には消費税が課され（消法4②），その納税義務者は，外国貨物を保税地域から引き取る者とされていますので（消法5②），商品の輸入者は，いわゆる輸入消費税（消法28④）の納税義務を負います。

　一方，DAP（Delivered at Place：仕向地持込み渡し条件）やDDP（Delivered Duty Paid：関税持込み渡し条件）のような貿易条件の場合には，資産の引渡しが国内において行われますので，事業者が行った課税資産の譲渡等（消法2①九）に該当すれば，その譲渡を行った事業者が納税義務者となります（消法5①）。外国法人を含む法人は全て事業者ですので（法法2①四），その外国法人が，国内に，恒久的施設（法法2十二の十九）を有するかどうかによって，消費税の納税義務が影響を受けることはありません。

CASE 09 | 外国法人から受ける人的役務に係る課税関係

Q 内国法人甲社は，外国法人 F 社からコンサルティングサービスを受けています。F 社に支払う報酬は，サービスの提供に実際に要した時間に，コンサルタントごとに定めた時間単価を乗じたタイムチャージ方式で支払います。F 社は国内に恒久的施設を有していません。

コンサルティングサービスは，F 社の本店に所属するコンサルタントからの電子メールにより提供を受けていますが，出張ベースで一時的に来日するコンサルタントから直接サービスの提供を受けることもあります。

F 社は，甲社から支払を受けた報酬の範囲内の金額を，F 社の本店所在地において，コンサルタントに支払います。

1 甲社が F 社に報酬を支払う際に，所得税を源泉徴収する必要はありますか。

2 F 社が受ける報酬に対して，日本の法人税は課されますか。

3 来日したコンサルタントに日本の所得税は課されますか。

4 消費税の課税関係を説明してください。

A

1 F 社の本店で提供されるコンサルティングサービスの報酬については，源泉徴収の必要はありませんが，来日したコンサルタントによるサービスの報酬は，源泉徴収の対象です。ただし，「恒久的施設なければ事業所得課税なし」の国際ルールにより免税となることが多いと思われます。

2 法人税法の規定上は課税対象ですが，「恒久的施設なければ事業所得

課税なし」の国際ルールにより免税となることが多いと思われます。

3　所得税法の規定上は課税対象ですが，「恒久的施設なければ事業所得課税なし」の国際ルール，又は，租税条約の短期滞在者免税規定により免税となる場合が多いと思われます。

4　国外からの電子メールによるコンサルティングサービスは，事業者向け電気通信利用役務の提供に該当し，リバースチャージ方式による課税対象とされます。

説明

1　F社に支払う報酬に係る所得税の源泉徴収義務

（1）　国内法の取扱い

　外国法人は，外国法人課税所得の支払を受けるときは，所得税を納める義務があります（所法5④，7①五）。外国法人課税所得とは，所得税法が定める国内源泉所得のうち，一定の所得を意味します（所法5②二かっこ書，161①四〜十一・十三〜十六）。

　F社が，国内において甲社に提供するコンサルティングサービスは，科学技術，経営管理その他の分野に関する専門的知識又は特別の技能を有する者の当該知識又は技能を活用して行う役務の提供を主たる内容とする事業に該当しますので，その対価は，国内源泉所得のうち人的役務の提供事業の対価（国内人的役務提供事業対価）とされ，国内における支払者に所得税の源泉徴収義務が課されます（所法161①六，212①，所令282三）。

　しかし，F社が国外で提供するサービスの対価部分については，国内源泉所得には該当しませんので，源泉徴収は不要です。

　所得税の課税標準は国内源泉所得の金額（対価の額）とされ，課税標準

に対する税率は20%です（所法213①）。さらに，所得税の額を課税標準として2.1%の税率で課される復興特別所得税を併せて源泉徴収して国に納付する必要があります（復興財確法28①②）。

(2) 租税条約の取扱い

多くの租税条約では，「恒久的施設なければ事業所得課税なし」の国際ルールを具体的に定める事業所得条項を有しています（例：日米7①）。F社の本店所在地国と日本との租税条約が，このような事業所得条項を有している場合には，F社の恒久的施設が日本になければ，日本は課税権を有しませんので，所得税等の源泉徴収は不要です（憲法98②，実特法3の2②）。

なお，租税条約の規定の適用を受けるための手続が設けられています（実特法12，同省令4，9の5）。

2 F社に課される法人税

(1) 国内法の取扱い

外国法人は，国内源泉所得（法法138①）を有するときは，法人税を納める義務があります（法法4③）。国内源泉所得は所得税法にも定義規定が設けられていますが（所法161①），法人税と所得税はそれぞれ独立して課税されますので，同一の国内源泉所得について，所得税と法人税が重複して課される場合には，法人税額の計算において，所得税額の控除が認められます（法法144，68）。

F社が，国内において甲社に提供するコンサルティングサービスは，科学技術，経営管理その他の分野に関する専門的知識又は特別の技能を有する者の当該知識又は技能を活用して行う役務の提供を主たる内容とする事業に該当すると思われますので（法令179三），その対価は，国内源泉所得のうち人的役務の提供事業の対価（国内人的役務提供事業対価）とされ，F社

は，国内に恒久的施設を有しない場合であっても，国内源泉所得（法法138①四）に係る所得を課税標準とする法人税が課されます（法法141二）。

上述したとおり，国内人的役務提供事業の対価に関する法人税法と所得税法の規定は同一ですので，F社には，所得税が源泉徴収方式，法人税が申告納税方式によって，それぞれ課税されます。

（2） 租税条約の取扱い

日本が締結している租税条約では，対象となる日本側の租税に所得税と法人税の両方を含めています。したがって，所得税と同様に法人税も免税となります。

なお，租税条約の規定の適用を受ける手続については，源泉徴収免除とは異なる規定が設けられています（実特法12，同省令9の2）。

3 来日コンサルタントに対する所得税の課税関係

（1） コンサルタントの居住形態

所得税法が納税義務者とする個人（所法5①②）には，居住者と非居住者の区分があります。このうち居住者とは，国内に住所を有し，又は現在まで引き続いて1年以上居所を有する個人をいい（所法2①三），非居住者とは居住者以外の個人をいいます（所法2①四）。出張ベースで一時的に来日するコンサルタントは，国内に住所（所基通2-1）・居所のいずれも有していないと考えられますので，非居住者として取扱われます。

（2） 非居住者の課税所得と課税方法

非居住者は国内源泉所得（所法161①）を有するときは，所得税を納める義務がありますが，コンサルタントに恒久的施設（所法2①八の四）があるかどうかによって，課税の方法と課税所得の範囲が異なります（所法7①三，

164）。

　コンサルタントがＦ社に雇用されているのか，いわゆるフリーランサー（自由職業者）であるかは不明ですが，コンサルタントが自由職業者の場合には，一定期間他の者からの制約を受けることなく通常使用することのできる事業拠点（所基通161-1）を有していれば，そのコンサルタントは恒久的施設を有する非居住者に該当します。

イ　コンサルタントが恒久的施設を有する場合

　国内源泉所得のうち，恒久的施設帰属所得（所法161①一）について，必要経費を控除した額を課税標準として所得税が総合課税されます（所法164一イ，165①）。

ロ　コンサルタントが恒久的施設を有しない場合（報酬が恒久的施設に帰属しない場合を含む）

　国内源泉所得のうち，国内において行う勤務その他の人的役務の提供に基因する給与・報酬（国内人的役務報酬：所法161①十二イ）について，所得税が分離課税されます（所法164②二，169～172）。

　分離課税の場合の課税標準は，国内源泉所得の金額，すなわちグロスの給与・報酬の金額です（所法169①）。総合課税される恒久的施設帰属所得とは異なり，必要経費の控除は認められません。税率は20％ですが（所法170），所得税の額を課税標準として2.1％の税率で復興特別所得税が課されます（復興財確法9①，10三，12，13）。

　国内人的役務報酬には，国内の支払者に源泉徴収義務が課されますので，一般的には源泉分離課税されますが（所法212①），給与・報酬が国外で支払われる場合の課税方法が問題となります。

　この場合，Ｆ社が受ける国内人的役務提供事業対価（所法161①六）について所得税が源泉徴収された場合には，Ｆ社が所得税を徴収された対価の

うちから，コンサルタントに支払われる国内人的役務報酬については，その支払の際に所得税の徴収が行われたとみなされます（所法215）。この場合の源泉徴収税額は，F社の人的役務提供事業対価に係る所得税の額と，コンサルタントの国内人的役務報酬の額に係る所得税の額に按分されます（所令334）。

(3) 租税条約による課税関係の修正

所得税法は，国内人的役務報酬を受ける非居住者が，F社に雇用されている被雇用者か，雇用関係のない自由職業者かを問わず，一律に20%の分離課税を行いますが，多くの租税条約では，被雇用者には給与所得条項の適用によって短期滞在者免税，自由職業者には，事業所得条項の「恒久的施設なければ事業所得課税なし」の国際ルールにより，それぞれ役務提供地国の課税を制限しています。

例えば，日米租税条約の短期滞在者免税は，一方の締約国の居住者が他方の締約国内において行う勤務（employment）について取得する報酬（salaries, wages and other similar remuneration）に対しては，次の(a)から(c)までに掲げる要件を満たす場合には，当該一方の締約国においてのみ租税を課することができるとする規定です（日米14②）。

(a) 当該課税年度において開始又は終了するいずれの12箇月の期間においても，報酬の受領者が他方の締約国内に滞在する期間が合計183日を超えないこと

(b) 報酬が他方の締約国の居住者でない雇用者又はこれに代わる者から支払われるものであること

(c) 報酬が雇用者の当該他方の締約国内に有する恒久的施設によって負担されるものでないこと

したがって，F社とコンサルタントが雇用関係にある場合には，コンサ

ルタントの日本国内勤務に係る給料について，(a)コンサルタントの日本勤
務が 12 箇月間に 183 日を超えず，(b)F 社がコンサルタントの給料を支払
い，(c)その給料が F 社の日本に有する恒久的施設の損金とされていなけれ
ば，日本は，このコンサルタントの給料について，所得税の課税権を有し
ません。

　コンサルタントが，F 社と雇用関係のない自由職業者の場合，租税条約
によっては「恒久的施設なければ事業所得課税なし」の一般的な国際ルー
ルに加えて，183 日を超えない期間の滞在に限って免税とする租税条約も
あります（日印 14 ①，日星 14 ①，日中 14 ①等）。

　いずれにしても，コンサルタントが受ける国内人的役務報酬（所法 161 ①
十二イ）は，人的役務提供事業対価を受ける外国法人 F 社から，国外にお
いて支払われるため，源泉徴収の対象から除かれます（所法 212 ①）。した
がって，源泉徴収義務の存在を前提とした租税条約の免税を受けるための
手続規定（実特法 12，同省令 4）の適用はありません。

　仮に，非居住者としての被雇用者が国内勤務について取得する給料が，
短期滞在者免税の適用要件を満たさず，さらに，国外払を理由として源泉
徴収の規定の適用（所法 212 ①）を受けない場合には，非居住者本人が，分
離課税の確定申告書を提出する必要があります（所法 172）。

4　消費税の取扱い

(1)　提供される役務の性質と内外判定

　コンサルティングサービスは，対価を得て行われる資産の譲渡等（消法
2 ①八）のうち，役務の提供に該当します。消費税の課税対象は，国内にお
いて事業者（消法 2 ①四）が行った資産の譲渡等なので（消法 4 ①），資産の
譲渡等が役務の提供である場合の内外判定が問題となります（消法 4 ③）。
役務の提供が国内において行われたかどうかの判定は，当該役務の提供が

行われた場所が国内であるかどうかによって行いますので（消法4③二），外国法人F社の本店において提供される役務は課税対象外（不課税）です。

　ただし，役務の提供を含む資産の譲渡等のうち，電気通信回線を介して行われる役務の提供は，電気通信利用役務の提供に該当します（消法2①八の三）。国外事業者（消法2①四の二）が行う電気通信利用役務の提供は，当該役務の性質又は取引条件等から，当該役務の提供を受ける者が通常事業者に限られる場合には，事業者向け電気通信利用役務の提供に区分され（消法2①八の四），演劇等の特定役務の提供（消法2①八の五）とともに，特定資産の譲渡等として取扱われます（消法2①八の二）。

　特定資産の譲渡等に該当する役務の提供には，役務提供地による内外判定基準は適用されず（消法4①かっこ書），特定仕入れ（事業として他の者から受けた特定資産の譲渡等）に関する内外判定基準が適用されます（消法4①かっこ書・④）。具体的には，電気通信利用役務の提供を受ける者の本店が国内にあるかどうかによって，内外判定が行われます（消法4④・③三）。

（2）　納税義務者

　課税資産の譲渡等（消法2①九）の納税義務者は，特定資産の譲渡等に該当するものを除き，資産の譲渡等（役務の提供を含む）を行った事業者ですが，特定資産の譲渡等の納税義務者は，特定資産の譲渡等を受けた事業者です（消法5①，消基通5-8-1）。後者が，いわゆるリバースチャージ方式による課税方式です。

　リバースチャージ方式は，事業として他の者（F社）から受けた特定資産の譲渡等を特定仕入れと定義したうえで（消法4①かっこ書），その特定仕入れが課税仕入れ（消法2①十二）に該当する場合には，特定課税仕入れとして，特定課税仕入れを行った事業者（甲社）に納税義務を負わせる課税方式です（消法5①）。リバースチャージ方式による納税義務を負った事業者（甲社）は，特定課税仕入れに係る消費税額を仕入れに係る消費税額控

除の対象とすることができます（消法30①）

　リバースチャージ方式においては，特定資産の譲渡等を行う国外事業者
（F社）は，特定課税仕入れを行う事業者（甲社）が，消費税を納める義務が
ある旨を表示する必要がありますが，その旨の表示がなかった場合でも，
納税義務は免除されません（消法62，消基通5-8-2）。

　なお，リバースチャージ方式は，当分の間は，その課税期間の課税売上
割合（消法30②）が95％以上である場合には適用されません（平27改正附
則42）。正確には，特定課税仕入れはなかったものとされますので，当分の
間，特定課税仕入れに係る消費税の納税義務は生じません。

外国法人による無形資産の提供

内国法人甲社が，外国法人F社から，F社が著作権を有するコンピュータプログラムの提供を受けて，次のように利用する場合，甲社がF社に支払う対価は，日本ではどのような課税関係がそれぞれ生じますか。F社は日本に支店等の恒久的施設を有していませんが，有している場合についても説明してください。

1　甲社の国内の販売拠点に設置したコンピュータにプログラムをインストールして，甲社の業務処理に活用する場合

2　提供を受けたプログラムを国内ユーザー向けに翻案して，翻案後のプログラムについて国内ユーザーからその使用の対価を得る場合

1　F社が甲社から受ける対価について，所得税・法人税が課されることはありませんが，国内にF社の恒久的施設がある場合には，恒久的施設帰属所得には法人税が課されます。

　　プログラムがインターネットで甲社に提供される場合には，事業者向け電気通信利用役務の提供に該当し，リバースチャージ方式により甲社に消費税が課される場合があります。

2　F社が甲社から受ける対価は，著作権の使用料又は譲渡対価に該当しますので，源泉徴収による所得税が課税されます。国内にF社の恒久的施設がある場合には，恒久的施設に帰属する対価には，源泉所得税が課されたうえで，法人税が併課されます。

1 プログラムを甲社の業務処理に利用する場合

(1) 所得税・法人税の課税関係

外国法人は，外国法人課税所得の支払を受けるときは，所得税を納める義務があります（所法5④，7①五）。外国法人課税所得とは，所得税法が定める国内源泉所得（所法161①）のうち，一定の所得を意味します（所法5②二かっこ書，161①四～十一・十三～十六）。

F社が，甲社から受ける対価は，減価償却資産のうち無形固定資産（所法2①十九，所令6八リ）に区分されるソフトウエアのリース又は譲渡の対価と考えられます。なぜなら，甲社はF社から著作権を譲り受けていないだけでなく，複製権（著作権法21）等の利用許諾を受けていないからです。したがって，F社が甲社から受ける対価は，国内源泉所得のうち，国内において業務を行う者から受ける著作権の使用料又は譲渡による対価（所法161①十一イ）には該当しません。さらに，機械，装置その他政令で定める用具（工具並びに器具及び備品）の使用料（所法161①十一ハ，所令284①）にも該当しません。

さらに，F社が受ける対価は，使用料以外の外国法人課税所得のいずれにも該当しませんので，F社に所得税が課されることはありません。この課税関係は，F社が国内に恒久的施設を有するかどうかによって影響を受けることはありませんが，以下に述べる法人税の課税関係については，恒久的施設の有無によって課税関係が異なります。

外国法人は，国内源泉所得（法法138①）を有するときは，法人税を納める義務があります（法法4③）。国内源泉所得には，外国法人が恒久的施設を通じて事業を行う場合において，当該恒久的施設が当該外国法人から独立して事業を行う事業者としたならば，当該恒久的施設が果たす機能，当

該恒久的施設において使用する資産，当該恒久的施設と本店等との間の内部取引その他の状況を勘案して，当該恒久的施設に帰せされるべき所得（法法138①一：恒久的施設帰属所得）が含まれます。

　したがって，F社の恒久的施設が国内にあり，対価が当該恒久的施設に帰属する場合に限り，法人税が課税されます。この取扱いは，「恒久的施設なければ事業所得課税なし」の国際ルールを基礎としていますので，恒久的施設の範囲（法法２十二の十九ただし書）を除いては，租税条約の影響を受けることはないと思われます。

（2）　消費税の課税関係

　甲社が，業務用プログラムが複製された媒体を輸入する場合には，甲社には，いわゆる輸入消費税が課されます（消法5②，28④）。

　著作複製物としてのプログラムが，プログラムの複製物の輸入ではなく，インターネットを介して提供される場合には，消費税の課税対象かどうかは，資産の譲渡等（消法2①八）が国内で行われたかどうかにより判断します（消法4③）。

　消費税法は，電気通信回線を介して行われる著作物の提供を，電気通信利用役務の提供に含め（消法2①八の三），電気通信利用役務の提供を受ける者の本店所在地により内外判定を行います（消法4③三）。この著作物は，著作権法第2条第1項第1号の著作物と定義されていますので（消法2①八の三かっこ書），プログラムの著作物（著作権法10①九）が含まれます。

　したがって，内国法人甲社が，インターネットを介してプログラムの提供を受ける場合には，国内取引として課税対象となります。さらに，役務の提供を受ける者が通常事業者に限られる事業者向け電気通信利用役務の提供（消法2①八の四）に該当する場合には，特定資産の譲渡等に含められ（消法2①八の二），電気通信利用役務の提供を受ける者（甲社）の特定課税仕入れとして，甲社に消費税が課税されます（消法4①かっこ書，5①）。い

わゆるリバースチャージ方式による課税です。

　なお，リバースチャージ方式は，当分の間は，その課税期間の課税売上割合（消法30②）が95％以上である場合には適用されません（平27改正附則42）。正確には，特定課税仕入れはなかったものとされますので，当分の間，甲社には，特定課税仕入れに係る消費税の納税義務は生じません。

2　プログラムを国内ユーザー向けに翻案して，ユーザーから使用の対価を得る場合

　コンピュータソフトウエア業界では，著作権者が著作権を自分自身に残し，ユーザーには，プログラムの複製物を使用できる権利だけを認めることを明確化するために，ソフトウエア使用許諾契約を締結する慣行があります。この場合でも，プログラムの複製物の所有権を取得したユーザーは，プログラムを実行するために必要な範囲内でそのプログラムをコンピュータに複製（インストール）することが認められます（著作権法47の3）。以下の課税関係は，このような使用許諾契約が，甲社とエンドユーザー間に締結される場合を前提としています。

(1)　所得税・法人税の課税関係

　甲社が，Ｆ社を著作権者とするプログラムをユーザー向けに翻案する場合には，Ｆ社から，その著作物の翻案権（著作権法27）を譲り受けるか（著作権法61），又は，翻案権の利用許諾（著作権法63）を受ける必要があります。翻案後のプログラムは，甲社が著作者となりますが，翻案に創作性が認められれば，Ｆ社が著作権を有する原著作物の二次的著作物（著作権法2①十一）となります。この場合，Ｆ社は，二次的著作物の原著作者として，その二次的著作物の利用に関し，甲社が有する著作権と同一種類の権利を専有しますので（著作権法28，11），Ｆ社が甲社から受ける対価には，翻案

権の対価と，二次的著作物の原著作者としての権利の対価が含まれるものと考えられます。

なお，国税庁は，著作権の使用料を著作物（著作権法2①一）の複製等の利用（著作権法63）につき支払を受ける一切の対価をいうとしていますので（所基通161-35），国内源泉所得のうち著作権の使用料とされる対価（所法161①十一ロ）は，著作権の利用料と理解すべきかもしれません。

いずれにしても，Ｆ社が甲社から受ける対価は，国内源泉所得のうち，著作権の使用料又は譲渡による対価に該当しますので（所法161①十一ロ），甲社はその支払の際，20％の所得税と2.1％（0.042％）の復興特別所得税を徴収する必要があります（所法212①，213①，復興財確法28）。

ただし，Ｆ社の本店所在地国と日本との租税条約において，使用料に限度税率を設けるか，又は，免税としている場合がありますので，その場合には，租税条約によって課税の上限が定まります（憲法98②，実特法3の2①②）。

法人税の課税関係については，上記**1**の場合と同様に，Ｆ社の恒久的施設が国内にあり，使用料等の対価が当該恒久的施設に帰属する場合に限り，法人税が課税されます。法人税が課税される場合には，使用料に課された所得税は，法人税の額から控除されますので（法法144，68），法人税と所得税の国内的二重課税は排除されます。

（2） 消費税の課税関係

イ　Ｆ社と甲社との取引

消費税法の取扱いでは，著作権の全部又は部分的な譲渡は資産の譲渡として，著作権の利用許諾は資産の貸付けとして，いずれも資産の譲渡等に含まれます。

著作権の利用許諾は，プログラムの複製物の貸付けではありませんが，

消費税法は，「資産の貸付け」の範囲に，資産に係る権利の設定その他他の者に資産を使用させる一切の行為（電気通信利用役務の提供に該当するものを除く）を含めていますので（消法2②），著作権の利用許諾は，「資産の貸付け」に含まれます（消基通5-4-2⑵）。

　著作権の譲渡又は貸付けの内外判定は，著作権の譲渡又は貸付けを行う者（F社）の住所地（法人の場合には本店所在地）で行いますので（消法4③一，消令6①七），国外取引として不課税となります。ただし，著作権の利用許諾が，電気通信利用役務の提供に該当する場合には，「資産の貸付け」から除かれている点に留意が必要です（消法2②かっこ書）。電気通信利用役務の提供の定義規定（消法2①八の三）は，その範囲を，資産の譲渡等のうち電気通信回線を介して行われる著作物の提供（当該著作物の利用の許諾に係る取引を含む）としていますので，かっこ書の文言からは，著作権の利用の許諾取引に際し，プログラムの複製原本がインターネット回線を介して，F社から甲社に提供される場合には，電気通信利用役務の提供に該当するのではないかとの疑問が生じます。

　しかし，この定義規定には，電気通信利用役務の提供は，「他の資産の譲渡等に付随して行われる役務の提供以外のものをいう」との文言が追加されています。この文言は，プログラムの複製原本の提供が，プログラムの著作権の利用許諾（他の資産の譲渡等）に付随して行われる場合には，インターネット回線を介した複製原本の提供は，電気通信利用役務の提供には該当しないとしたものと思われます。

　このように，F社甲社間の取引は，電気通信利用役務の提供には該当しませんので，国外取引として不課税となります。

ロ　甲社と国内ユーザーとの取引

　甲社と国内ユーザーとの取引は，甲社の著作物（二次的著作物）の複製物の譲渡又は貸付けとしての資産の譲渡等に該当し（消法2①八），資産の譲

渡等は国内において行われていますので，消費税の課税対象です（消法4
①）。

　複製物がインターネット回線を介して提供される場合には，電気通信利
用役務の提供に該当します。この場合，ユーザーの本店所在地で内外判定
を行いますので（消法4③三），提供先が国内ユーザーである限り，課税対
象の国内取引であることに変わりはありません。

　なお，甲社は国外事業者（消法2①四の二）ではありませんので，事業者
向け電気通信役務の提供には該当せず，国内ユーザーに対し，いわゆるリ
バースチャージ方式による課税が行われることはありません（消法4①，5
①）。

非居住者の国内不動産取引

Q 😞 非居住者 N は，昨年，国内の賃貸ビルを購入し，内国法人甲社から
賃貸収入を得ています。

1 この賃貸収入に対して，日本の所得税は課税されますか。
2 甲社は，賃貸料を N の国外預金口座に送金していますが，所得税の源
泉徴収義務を負いますか。
3 賃貸収入に対する消費税の課税関係を説明してください。
4 賃貸開始時に N が行わなければならない税務手続を説明してください。
5 N が賃貸ビルを売却する場合の課税関係を説明してください。
6 賃貸ビルが所在する地方団体から，住民税・事業税の課税を受けるこ
とはありますか。

　なお，N は賃貸事業を営む恒久的施設を国内に有しておらず，賃貸ビル
の維持管理は，国内の独立した事業者に委託しています。

1 N の賃貸収入には日本の所得税が総合課税されます。

2 甲社は，賃貸の対価を支払う際に，所得税の源泉徴収義務を負います。

3 N は事業者に該当しますので，賃貸ビル事業の対価について，消費税
の納税義務を負いますが，事業を開始した課税期間においては，小規模
事業者に係る納税義務の免除の特例の適用があると思われます。

4　納税地を定め，事業開始届の提出，納税管理人の選任が必要です。

5　賃貸ビルの売却収入には，所得税が分離課税されるとともに，消費税の課税関係も生じます。

6　住民税・事業税の課税を受けることはないと思われます。

説明

1　賃貸収入に対する所得税の課税関係

（1）　非居住者に課税される国内源泉所得の範囲

　非居住者（所法2①五）は，国内源泉所得（所法161①）を有するときは，所得税の納税義務を負います（所法5②）。国内にある不動産の貸付けによる対価は国内源泉所得に含まれ（所法161①七），所得税が総合課税されます（所法164①二，165）。

　総合課税に係る所得税の課税標準及び所得税の額は，概ね居住者に適用される規定（所法21～103）に準じて計算しますが，所得控除は雑損控除（所法72），寄附金控除（所法78），基礎控除（所法86）だけが適用されます（所法165①）。

　後述するとおり，賃貸収入は所得税等の源泉徴収の対象ですが，源泉徴収された又はされるべき所得税の額は総合課税に係る所得税の額から控除されます（所法166，120①四）。

（2）　租税条約の適用

　非居住者Nの日本における課税関係については，Nの居住地国と日本との間に締結された租税条約の適用がありますが，日本が締結している多くの租税条約では，不動産から取得する所得に関しては，不動産所在地国の

課税権を認め，限度税率の定めも設けられていませんので，国内法どおりの課税関係が生じます。

非居住者に対し国内において，国内源泉所得のうち国内にある不動産の貸付けによる対価（所法161①七）を支払う者は，支払の際，所得税及び復興特別所得税を徴収し国に納付する必要があります（所法212①，復興財確法28①）。所得税の課税標準は国内源泉所得の金額，税率は20％です（所法213①）。復興特別所得税の課税標準は所得税の額，税率は2.1％です（復興財確法28②）。この結果，甲社は，両税目を併せて20.42％の所得税等の源泉徴収義務を負うこととなります。租税条約による源泉徴収税額の軽減・免除はありません。

なお，源泉徴収義務が生ずる国内において支払う（国内払）とは，支払者（甲社）の支払事務を取扱う事務所が国内にあることと解されており，支払を受ける者（N）の国外の預金口座に送金される場合であっても，その支払は国内払とされます。

国内にある賃貸ビルの貸付けが，事業として対価を得て行われる場合には，資産の譲渡等に該当します（消法2①八）。賃貸ビルの貸付けは，非課税とされる住宅の貸付けには該当しないので（消法6①，別表1十三），課税資産の譲渡等として，事業者には消費税の納税義務が課されます（消法5①）。

外国法人を含む法人は，消費税法上，常に事業者とされますが，個人の場合には，事業を行う個人だけが事業者（個人事業者）とされます（消法2

①三, 四)。消費税法には「事業として」の定性的・定量的基準が設けられていませんが, 国税庁は, 「事業として」とは, 対価を得て行われる資産の譲渡及び貸付け並びに役務の提供が反復, 継続, 独立して行われることをいうとしています (消基通5-1-1)。

個人 N は, 賃貸ビル収入を継続して甲社から得ていますので, 個人事業者として消費税の納税義務を負うものと考えられます。

ただし, その課税期間に係る基準期間における課税売上高が 1,000 万円以下である者は, その課税期間に国内において行った課税資産の譲渡等については, 納税義務が免除されます (消法9①)。N は, 賃貸を開始した課税期間 (消法 19①一) においては, 本特例により免税事業者に該当すると思われますが, 課税事業者を選択して (消法9④), 賃貸ビルの取得に係る仕入税額控除の適用を受けることができます (消法30①)。

4 N が履行すべき税務手続

(1) 開業等の届出

居住者と同様に, 非居住者も開業等の届出書を納税地の所轄税務署長に提出する必要があります (所法 229, 所規 98)。

N は不動産賃貸事業に係る恒久的施設を国内に有していませんので, N の納税地は不動産の貸付け対価に係る不動産の所在地です (所法 15 五)。

(2) 青色申告の承認申請

非居住者の総合課税に係る所得税の申告, 納付及び還付については, 居住者に関する多くの規定が準用されていますので (所法 166, 104〜151 の 6), 納税地の所轄税務署長の承認を受けて青色申告書の提出が可能です (所法 143)。

（3） 納税管理人の選任

個人である納税者がこの法律の施行地（日本国内）に住所及び居所（事務所及び事業所を除く）を有しない場合において，納税申告書の提出その他国税に関する事項を処理させる必要があるときは，その者は，日本国内に住所又は居所を有する者で当該事項の処理につき便宜を有するもののうちから納税管理人を定め，国税の納税地の所轄税務署長にその旨を届け出なければなりません（通則法117①②）。

納税管理人は，納税申告書の提出等の事務処理を担いますが，納税申告書の提出は，発信主義（通則法22）の適用がなくても，納税者本人が国外から郵送によって提出することも事実上は可能です。したがって，納税管理人の選任義務は，国税当局による更正・決定通知書等（通則法24，25）の納税者への送達（通則法12）や，還付金等の金銭による還付（通則法56①）等の便宜のために設けられている要素が大きいものと考えられます。

---

5 賃貸ビルを売却する場合の課税関係

（1） 所得税の課税関係

国内の賃貸ビルの譲渡対価は，国内源泉所得のうち，国内にある土地若しくは土地の上に存する権利又は建物及びその附属設備若しくは構築物の譲渡による対価に該当しますので（所法161①五），Nが恒久的施設を有しない場合であっても，所得税が総合課税されます（所法164①二，165）。ただし，租税特別措置により，総合課税に代えて，所有期間に応じ15％又は30％の税率で所得税が分離課税されます（措法31，32）。

この譲渡対価の国内における支払者は，支払の際，対価の金額の10.21％に相当する所得税及び復興特別所得税を源泉徴収する必要がありますが（所法212①，161①五，212①，213①二，復興財確法28①，②），Nが賃貸ビルを外国法人や非居住者に売却する場合には，対価が国外払になる

と思われますので，支払者に源泉徴収義務は生じません。

（2）　消費税の課税関係

　賃貸ビルの売却は，売却に係る課税期間においてＮが課税事業者に該当すれば，Ｎは消費税の納税義務を負います。ただし，土地の譲渡は非課税ですので（消法6①，別表1一），売却対価の全額が課税の対象となるわけではありません。

6　地方税の課税関係

（1）　住民税の課税関係

　Ｎは賦課期日（地法39，318）現在において地方税の施行地（日本国内）に住所を有していませんので，個人住民税は課されません（地法24①，294①）。

　賦課期日現在において，国内に事務所，事業所又は家屋敷を有する個人には，その事務所等の所在する地方団体において均等割が課されますが，賃貸ビルは，これらには該当しませんので，Ｎに均等割が課されることはありません（地法24①二，294①二）。

（2）　事業税の課税関係

　個人の行う不動産貸付業は，第一種事業に含まれますが（地法72の2⑧四），Ｎは国内に不動産貸付事業を行う事務所又は事業所を有していませんので，Ｎに事業税の課税を行う課税団体は存在しないものと考えられます（地方72の2③）。

　なぜなら，日本国内に主たる事務所を若しくは事業所を有しない個人の行う事業に対する事業税の課税については，恒久的施設（地法72五，地令10）をもって，事務所又は事業所とされているからです（地法72の2⑥）。

Chapter 2

国際間投資

本章では，企業の国際間投資に付随する国際税務の諸問題を，税目又はテーマごとに採り上げ，税法の建付けに沿って解説します。

01 | 国際間投資 （総論）

1 ▶ 国際間投資の種類

　国際間投資には，直接投資と間接投資の区分があります。投資の方向性にもクロスボーダー取引と同様に，日本企業による対外投資（アウトバウンド投資）と外国企業による対内投資（インバウンド投資）の区分があります。

　直接投資では，企業が発行する株式の取得により，その企業の支配を目指します。子会社設立や M&A が典型的な直接投資の形態です。外国為替及び外国貿易法第26条第2項は，非居住者や外国法人等の外国投資家による対内直接投資に，会社の株式の取得や本邦における支店等の設置を含めていますが，株式の取得であっても，金融商品取引所に上場されている株式の場合，出資比率が1%未満の取得は除かれています。

　一方，間接投資は，利子・配当・キャピタルゲインの獲得を目的とする株式や金融資産への投資であって，経営参加を目的とするものではありません。

2 ▶ 国際投資の種類ごとの国際税務の論点

（1） アウトバウンド直接投資

　日本企業や居住者が，外国法人の株式を取得し経営を支配するケースです。日本企業が，海外に事業拠点としての支店を設けるケースもあります。投資先の外国法人は，その本店所在国において，その国の税制に基づいて法人税（所得税）の課税を受けますが，これは国際税務の問題というよりも，現地国の国内税務問題です。

アウトバウンド直接投資に関連する国際税務のテーマの一つに，日本企業が支配している外国企業と日本企業の取引において授受される取引対価が，両社間に存在する支配関係によって，歪められていないかを検証する移転価格税制があります。

　また，日本企業の対外投資に経済合理性が伴わない場合には，外国子会社の所得を株主の所得として合算課税を行う外国子会社合算税制もテーマの一つです。

(2)　インバウンド直接投資

　日本企業のアウトバウンド投資と同様に移転価格税制の適用がテーマとなります。インバウンド投資に固有の論点には，過少資本税制と過大利子支払税制の問題があります。

(3)　間接投資

　アウトバウンド・インバウンド投資に共通するテーマとして，利子・配当・キャピタルゲイン等に対する投資先国の課税権の問題があります。日本が投資先国の場合，所得の支払者が負う源泉徴収義務の範囲が問題となります。

(4)　租税条約の適用

　国際投資に共通するテーマとして租税条約の適用関係があります。租税条約は，投資先国の課税を制限して，国際的な二重課税を軽減・排除することを目的としていますが，その目的は，居住地国における外国税額控除の適用又は，国外所得の課税免除によって達成されます。

　租税条約は，投資先国の課税を制限して，居住地国に十分な税収を確保することにウエイトが置かれてきました。しかし，近年では，OECD の場において，多国籍企業の活動実態と各国の税制や国際課税ルールとの間の

ずれを利用することで，多国籍企業がその課税所得を人為的に操作する問題（BEPS：Base Erosion and Profit Shifting）が議論され，2019年1月には，BEPS防止措置実施条約が発効しました。各国が選択したBEPS防止措置規定は，二国間条約の規定に代わって適用されますが，租税条約の目的が，依然として国際的な二重課税の軽減・排除にあることには変わりありません。

02 　移転価格税制

1 　移転価格税制とは

　移転価格税制の内容を定める租税特別措置法第66条の4の条文見出しは，「国外関連者との取引に係る課税の特例」です。

　法人税法では，内国法人の各事業年度の所得の金額を，当該事業年度の益金の額から損金の額を控除した金額と定めています（法法22①）。さらに，益金の額に算入すべき金額を，別段の定めがあるものを除き，資産の販売等に係る収益の額（法法22②），損金の額に算入すべき金額を，別段の定めがあるものを除き，収益の額に係る売上原価，販売費一般管理費その他の費用の額としています（法法22③）。これらの金額は，一般に公正妥当と認められる会計処理の基準に従って計算されるものとされています（法法22④）。企業会計原則・損益計算書原則Aは，発生主義の原則として「すべての収益及び費用は，その支出及び収入に基づいて計上し，発生した期間に正しく割り当てられるように処理しなければならない」としていますので，移転価格税制は，一般に公正妥当と認められる会計処理の基準の例外措置を定めるものです。

2 　移転価格税制の具体的規定

　法人が，当該法人に係る国外関連者との間で資産の販売，資産の購入，役務の提供その他の取引を行った場合において，当該取引（国外関連取引）につき，当該法人が当該国外関連者（措法66の4①かっこ書）から支払を受ける対価の額が独立企業間価格（措法66の4②）に満たないとき，又は，当該国外関連者に支払う対価の額が独立企業間価格を超えるときは，当該法

人の当該事業年度の所得に係る法人税法その他法人税に関する規定の適用については，当該国外関連取引は，独立企業間価格で行われたものとみなすとされています（措法66の4①）。

この規定により，企業会計原則が定める「すべての収益及び費用は，その支出及び収入に基づいて計上」は，法人税法の取扱いにおいて，修正を余儀なくされる場面が生じます。租税特別措置は，法人税法上の別段の定めではありませんが，法人税法の特例として機能します。

3 独立企業間価格で行われたものとみなすとは

独立企業間価格で行われたとみなされるのは，法人が当該国外関連者から支払を受ける対価の額が独立企業間価格に満たないとき，又は，当該国外関連者に支払う対価の額が独立企業間価格を超えるときに限定され，逆の場合には独立企業間価格で行われたものとはみなされません。つまり，移転価格税制においては，増額更正が念頭に置かれています。

法人が当該国外関連者から支払を受ける対価の額が独立企業間価格に満たないとき，又は，当該国外関連者に支払う対価の額が独立企業間価格を超えるときには，その差額を申告調整により益金の額に算入し，又は損金の額に算入しない必要があります（措通66の4⑽-1）。

反対に，法人が当該国外関連者から支払を受ける対価の額が独立企業間価格を超える場合又は国外関連者に支払う対価の額が独立企業間価格に満たない場合における独立企業間価格との差額は申告減算できないとされています（措通66の4⑽-2）。

4 国外関連者の範囲

ある法人と特殊の関係のある外国法人が国外関連者です（措法66の4①

かっこ書）。特殊の関係は，50％以上の出資による親子・兄弟姉妹関係（措令39の12①一・二），実質支配関係（措令39の12①三）に区分されますが，両者の連鎖関係（措令39の12①四・五）も特殊の関係に含まれます。

50％以上の親子関係の判定には，直接・間接の保有割合を合計して判定します（措令39の12②）。この間接保有とは，ある法人（甲社）を起点として50％以上の出資が連鎖している場合において，その出資の最終連鎖先の保有割合を意味します（措令39の12③）。

例えば，甲社が外国法人T社を30％直接保有し，同じくA社を50％直接保有しているとします。甲社はA社を50％保有していますので，A社がT社を20％保有している場合には，甲社のT社間接保有割合（甲→A→T）は20％となります。直接保有30％を加えると50％となりますので，T社は甲社と特殊の関係のある外国法人（国外関連者）となります。

留意すべきは，甲社のT社の間接保有割合を，掛け算方式で10％（50％×20％）と計算しないことです。

実質支配関係とは，役員の2分の1以上の派遣，取引依存，事業資金の調達等の特定事実が存在することによって，二つの法人のいずれか一方の法人が他方の法人の事業の方針の全部又は一部を実質的に支配できる関係です（措令39の12①三）。

5 独立企業間価格の算定方法

棚卸資産の販売又は購入と，それ以外の取引に区分して算定方法が定められています（措法66の4②一・二）。

棚卸資産の販売又は購入の場合には，独立価格比準法，再販売価格基準法，原価基準法等のいわゆる基本三法（措法66の4②一イロハ，措令39の12⑥⑦）と，基本三法に準ずる方法（措法66の4②一ニ），利益分割法（措令39の12⑧一），取引単位営業利益法（措令39の12⑧二～五），DCF法（措令39

の 12 ⑧ 六），利益分割法・取引単位営業利益法・DCF 法等に準ずる方法（措令 39 の 12 ⑧ 七）が定められています（措法 66 の 4 ② 一）。

　これらの算定方法は，概ね次のとおりです。

イ　独立価格比準法（措法 66 の 4 ② 一イ）

　特殊の関係が存在しない売手と買手が同種資産を売買した場合の取引対価を独立企業間価格とする方法です。

ロ　再販売価格基準法（措法 66 の 4 ② 一ロ）

　棚卸資産の購入が国外関連取引の場合において，買手が当該棚卸資産を非関連者に対して販売する価格（再販売価格）から，通常の利潤の額を控除して独立企業間価格を算定する方法です。通常の利潤の額は，再販売価格に非関連者取引の売上総利益率を乗じて算出します（措令 39 の 12 ⑥）。国外関連取引と非関連者取引について，売手の果たす機能に差異がある場合には，売上総利益率の調整が必要とされています（措令 39 の 12 ⑥ ただし書）。

ハ　原価基準法（措法 66 の 4 ② 一ハ）

　棚卸資産の販売が国外関連取引の場合，売上原価又は製造原価に，通常の利潤の額を加算した金額を独立企業間価格とする方法です。通常の利潤の額は，売上原価又は製造原価に非関連取引のマークアップ率（売上総利益／売上原価等）を乗じて算出します（措令 39 の 12 ⑦）。国外関連取引と非関連者取引について，売手の果たす機能（例えば製造・加工等のプロセス）に差異がある場合には，マークアップ率の調整が必要とされています（措令 39 の 12 ⑦ ただし書）

ニ　利益分割法

　国外関連取引に係る所得の総額（分割対象利益等）を，法人と国外関連者

に配分する方法です（措令 39 の 12 ⑧一柱書）。配分方法には比較利益分割法，寄与度利益分割法，残余利益分割法の区分があります（措令 39 の 12 ⑧一イロハ）。

ホ　取引単位営業利益法

比較対象取引の売上高営業利益率を用いる方法（措令 39 の 12 ⑧二），フルコストマークアップ率を用いる方法（措令 39 の 12 ⑧三），ベリーレシオを用いる方法があります（措令 39 の 12 ⑧四・五）。

ヘ　DCF 法

国外関連取引の際に予測される，棚卸資産の使用その他の行為により生ずると予測される利益の額を合理的な割引率（措通 66 の 4(7)-2）を用いて現在価値に割り引いて独立企業間価格を算定する方法です（措令 39 の 12 ⑧六）。

それ以外の取引の独立企業間価格は，棚卸資産の販売又は購入以外の取引に適用される算定方法と同等の方法と規定されているにすぎません。国税庁は，同等の方法を，有形資産の貸借取引，金銭の貸借取引，役務提供取引，無形資産の使用許諾又は譲渡の取引等，棚卸資産の売買以外の取引において，それぞれの取引の類型に応じて，棚卸資産の販売又は購入の独立企業間価格の算定方法（措法 66 の 4 ②一）に準じて独立企業間価格を算定する方法と説明しています（措通 66 の 4(8)-1）。

なお，国外関連者間で行われる，役員・従業員等の出向は，出向元法人による出向先法人への役務提供の性質を有しませんので，移転価格税制の対象となる国外関連取引には該当しないものと考えられます。

このように，独立企業間価格の算定には複数の方法がありますが，これらを自由に選択適用できるのではなく，これらの方法のうち，国外関連取

引の内容及び国外関連取引の当事者が果たす機能その他の事情を勘案して，当該国外関連取引が独立の事業者の間で通常の取引条件に従って行われるとした場合に当該国外関連取引につき支払われるべき対価の額を算定するために最も適切な方法により算定した金額が，独立企業間価格とされています（措法66の4②柱書，措通66の4(2)-1）。いわゆるベストメソッドルールです。

6 比較対象取引

独立企業間価格の算定方法には，複数の方法がありますが，それに共通する思想は，国外関連取引と類似性の程度が十分な比較対象取引を発見し，国外関連取引と比較することです。

国税庁は，棚卸資産の販売又は購入の場合にあっては，独立企業間価格の算定方法ごとに，次の取引が比較対象取引にあたるとしています（措通66の4(3)-1）。

以下は，そのうち基本三法に係る比較対象取引の取扱いです。

イ　独立価格比準法

国外関連取引と同種の棚卸資産を当該国外関連取引と同様の状況の下で売買した取引

ロ　再販売価格基準法

国外関連取引に係る棚卸資産と同種又は類似の棚卸資産を，非関連者から購入した者が当該同種又は類似の棚卸資産を非関連者に対して販売した取引

ハ　原価基準法

　国外関連取引に係る棚卸資産と同種又は類似の棚卸資産を，購入，製造その他の行為により取得した者が当該同種又は類似の棚卸資産を非関連者に販売した取引

　法人が，他社の取引データを入手することは事実上不可能です。したがって，移転価格事務運営指針が，基本三法に独立企業間価格を直接的に算定できる長所があるとしていても（指針4-2），ベストメソッドの選定にあたっては，必要な情報の入手可能性は考慮されますので（措通66の4(2)-1(3)），基本三法を適用できる場面は限定的です。

　このような事情から，関連者間取引のない法人が行う取引の全体を比較対象取引と位置付け，一般的な公開情報である営業利益を基礎として独立企業間価格を算定（実態としては独立企業の営業利益率とを比較）する取引単位営業利益法（TNMM：Transactional Net Margin Method）が，消去法的にベストメソッドとされることが多いと思われます。

7　比較対象取引が複数ある場合の取扱い

　実務的な TNMM の適用において，比較対象企業が複数ある場合には，独立企業間価格が一定の幅（レンジ）を形成していることになりますが，この幅の中に，国外関連取引に係る営業利益率が収まっているときには，移転価格税制の適用はないとされています（措通66の4(3)-4）。

　なぜなら，比較対象企業には，国外関連取引との類似性の程度が十分な企業が選定されているはずなので（措通66の4(3)-1），比較対象企業の全データの範囲に，国外関連取引に係る営業利益率が収まっていれば移転価格上の問題が生ずる余地はないからです。しかし類似性の程度の判断にも

幅がありますので，当局による更正処分の蓋然性を低下させるために，統計学における四分位法を基礎として，全データの上位25％と下位25％を除外した四分位レンジによる検証を行うことが実務上行われてきたと思われます。

国外関連取引に係る営業利益率が，このレンジを逸脱している場合，当局は，原則として複数の比較対象企業の営業利益率を平均して，ピンポイントの更正処分を行うとしていますが，中央値など，比較対象利益率等の分布状況に応じた合理的な値が他に認められる場合には，この値を用いて独立企業間価格を算定するとしています（指針4-8）。

8　差異調整

いずれの独立企業間価格の算定方法にも，比較対象取引と国外関連取引の差異調整の問題が伴います。

この点に関し，2019年度の税制改正において，国外関連取引と比較対象取引との差異が，定量化が困難な利益率等の割合に現れる場合であって，その差異が軽微な場合には，四分位法による中央値を独立企業間価格とすることが明文の規定で認められました（措令39の12⑥〜⑧かっこ書，措規22の10②〜⑤）。

9　棚卸資産の売買以外の取引に係る独立企業間価格

法文上は，棚卸資産の販売又は購入に適用される独立企業間価格の算定方法と同等の方法と規定されているにすぎませんが，国税庁は，算定に関する解釈通達や，事務運営指針の公表により，移転価格課税の予測可能性に対して配慮しています（措法66の4②二，措通66の4(8)-1〜(8)-7，指針3-7〜3-19）。

郵 便 は が き

料金受取人払郵便

落合局承認

4331

差出有効期間
2024年8月31日
(期限後は切手を
おはりください)

１６１－８７８０

東京都新宿区下落合2-5-13

㈱ 税務経理協会

社長室行

|||ŀ|||ŀ||ŀ||ŀ||ŀ|||ŀ|||ŀ||ŀ|ŀ|ŀ|ŀ|ŀ|ŀ|ŀ||ŀ|||

お名前	フリガナ		性別	男 ・ 女
			年齢	歳

ご住所	□□□-□□□□	TEL （ ）

E-mail	

ご職業	1. 会社経営者・役員　2. 会社員　3. 教員　4. 公務員 5. 自営業　6. 自由業　7. 学生　8. 主婦　9. 無職 10. 公認会計士　11. 税理士　12. 行政書士　13. 弁護士 14. 社労士　15. その他（　　　　　　　　　　　　　）

ご勤務先・学校名	

部署		役職	

ご記入の感想等は，匿名で書籍のＰＲ等に使用させていただくことがございます。
使用許可をいただけない場合は，右の□内にレをご記入ください。　　□許可しない

ご購入ありがとうございました。ぜひ、ご意見・ご感想などをお聞かせください。
また、正誤表やリコール情報等をお送りさせて頂く場合もございますので、
E-mail アドレスとご購入書名をご記入ください。

この本の タイトル	

Q1　お買い上げ日　　　　年　　　月　　　日
　　ご購入　1．書店・ネット書店で購入（書店名　　　　　　　　）
　　方　法　2．当社から直接購入　　3．その他（　　　　　　　）

Q2　本書のご購入になった動機はなんですか？（複数回答可）
　　　1．タイトルにひかれたから　　　　2．内容にひかれたから
　　　3．店頭で目立っていたから　　　　4．著者のファンだから
　　　5．新聞・雑誌で紹介されていたから（誌名　　　　　　　　）
　　　6．人から薦められたから　　7．その他（　　　　　　　　　）

Q3　本書をお読み頂いてのご意見・ご感想をお聞かせください。

Q4　ご興味のある分野をお聞かせください。
　　　1．税務　　　　　2．会計・経理　　　　3．経営・マーケティング
　　　4．経済・金融　　5．株式・資産運用　　6．法律・法務
　　　7．情報・コンピュータ　　8．その他（　　　　　　　　　　）

Q5　カバーやデザイン、値段についてお聞かせください
　　①タイトル　　　　　1良い　　2目立つ　　3普通　　4悪い
　　②カバーデザイン　　1良い　　2目立つ　　3普通　　4悪い
　　③本文レイアウト　　1良い　　2目立つ　　3普通　　4悪い
　　④値段　　　　　　　1安い　　2普通　　　3高い

Q6　今後、どのようなテーマ・内容の本をお読みになりたいですか？

これらの通達は行政庁内部の命令手段ですので，その規定で用いられている「留意する」，「検討する」，「取り扱う」等の述語の主語は，国税庁の当該職員です。しかし，納税者としても，その通達の指示に基づいて処理を行っていれば更正処分等を受けないと考えることができますので，これが予測可能性の内容です。

10　金融取引の取扱い

(1)　金銭の貸付け又は借入れの取扱い

金銭貸借取引について独立価格比準法と同等の方法又は原価基準法と同等の方法を適用する場合に考慮すべき事項には，次のものがあるとされています（措通66の4(8)-5）。

- ・比較対象取引に係る通貨の同一性
- ・貸借時期
- ・貸借期間
- ・金利の設定方式（固定又は変動，単利又は複利等の金利の設定方法）
- ・利払方法（前払い，後払い等）
- ・借手の信用力
- ・担保及び保証の有無
- ・その他の利率に影響を与える諸要因

独立価格比準法と同等の方法を適用する場合には，国外関連取引の借手が銀行等から国外関連取引と同様の条件の下で借り入れたとした場合に付されるであろう利率を比較対象取引における利率として独立企業間価格を算定する方法は，独立価格比準法に準ずる方法と同等の方法になるとされています（措通66の4(8)-5(注)）。

原価基準法と同等の場合とは，金銭の貸付けが国外関連取引の場合に，非関連者から調達した資金の支払利息に，非関連取引であれば付されるで

あろうマークアップ率を乗じた利潤を加算して，独立企業間利息を算定するイメージです。国外関連取引と通貨が同一の非関連者取引のマークアップ率を入手できたとしても，その非関連取引と国外関連取引に，借手の信用力や担保等に差異があれば，マークアップ率を調整する必要があります。

　国税庁は，金銭の貸付けを業としない事業法人間の利率について，次の利率を，独立価格比準法に準ずる方法と同等の方法とする措置を公表していました（旧指針3-8）。

(1)　国外関連取引の借手が，非関連者である銀行等から当該国外関連取引と通貨，貸借時期，貸借期間等が同様の状況の下で借り入れたとした場合に付されるであろう利率（借手の銀行調達利率）

(2)　国外関連取引の貸手が，非関連者である銀行等から当該国外関連取引と通貨，貸借時期，貸借期間等が同様の状況で借り入れたとした場合に付されるであろう利率（貸手の銀行調達利率）

(3)　国外関連取引に係る資金を，当該国外関連取引と通貨，取引時期，期間等が同様の状況の下で国債等により運用するとした場合に得られるであろう利率（国債等の運用利率）

　これらの方法は，(1)(2)(3)の順序で，独立企業原則に即した結果が得られるとされています（旧指針3-8(注)1）。

　(1)は借手の信用力が反映されていますが，(2)については貸手の信用力は考慮されているものの，借手の信用力は反映されていません。(3)はファイナンスの分野における無リスク金利ですので信用力が考慮されていません。このような理由から，(1)(2)(3)の順序で，独立企業原則に即した結果が得られるとされたものと考えられますが，合理性には疑問があり，2022年6月10日改正の事務運営指針では削除されました。したがって，旧指針に依拠した独立企業間利率の算定は，否認リスクが高まるものと考えられます。

　改正後の事務運営指針においては，法人と国外関連者との間で行われた

金銭の貸借取引について調査を行う場合には，上述した通達（措通66の4(8)-5）の諸要因に配意することとされましたので（指針3-7(1)），旧指針3-8のセーフハーバー的取扱いは無効と考えるべきです。

改正後の指針の参考事例集（第一章事例4　独立価格比準法に準ずる場合）の≪前提条件2：金銭の貸借取引の場合≫には，国外関連者と信用格付を同じくする法人が，国外関連取引と同様の状況で金銭貸借を行った複数の情報が，公開データベースから把握されたとする想定取引が掲載されています。

これらの貸借取引の平均利率が3％であった場合，独立価格比準法に準ずる方法と同等の方法による独立企業間価格の利率は3％になると説明されています。

非関連者である銀行に照会して取得した見積もり上の利率又はスプレッドのように現実に行われる取引に依拠しない指標は，市場金利等には該当しないとされていますので（指針3-8(5)），当該利率及びスプレッドを比較対象取引として用いる方法は適切ではありません。

なお，法人がその子会社等に対して金銭の無償若しくは通常の金利よりも低い利率での貸付けをした場合，その無利息貸付け等が例えば業績不振の子会社等の倒産を防止するためやむを得ず行われるもので合理的な再建計画に基づくものであると認められるときは，その無利息貸付け等により供与される経済的利益の額は，寄附金の額に該当しないとされていますが（法基通9-4-2），この無利息貸付け等は，移転価格税制上も適正な取引として取り扱われます（指針3-7(1)（注）1，旧指針3-7(1)）。

国税不服審判所は，平成29年9月26日付の裁決において，旧指針3-8(2)の利率（貸手の調達金利）について言及し，「金融機関の貸付けがスワップレートにスプレッドを加えて行われていることからすると，貸手の銀行調達利率について，本件貸付けの日のスワップレートに，本件貸付けと同様の状況の下で借り入れた場合のスプレッドを加えた利率を用いることが

相当である。」としました。しかし，原処分庁が取引銀行から入手したスプレッドが正確性を有するとは認めず，原処分庁が主張した貸手の調達金利を独立企業間価格とする方法を採用しませんでした。

このスワップレートとは，主に金利変動リスクを回避するために固定金利と変動金利のキャッシュ・フローを交換する金利スワップ取引において算定される固定金利です。スプレッドとは，金融機関が得るべき利益に相当する金利であり，事務経費等に相当する部分や借手の信用リスクに相当する部分が含まれます。スワップレートによる更正処分は，金銭消費貸借契約における金利の設定が固定金利の場合には合理性を持ちます。

本事案において，審判所は，スプレッドが正確性を有しないとしたため，旧指針 3-8(3)の「国債等の運用利率による方法を採用することが相当である。」と判断しましたが，この取扱いは廃止されたことに留意する必要があります。

（2） 債務保証等の取扱い

法人と国外関連者との間で行われた債務保証等（一方の者による他方の者の債務の保証その他これに類する行為）について調査を行う場合には，当該債務保証等の対象である債務の性質及び範囲並びに当該債務保証等が当該国外関連者に与える影響に配意することとされています（指針 3-7(2)）。

例えば，債務保証等を行った者が，債務者がその債務を履行しない場合に，法的責任を負っているかどうか，当該債務保証により債務者の信用力が増しているかどうかが検討されます（指針 3-7(2)(注)）。

債務保証等の対価の額が，最も適切な方法（措法 66 の 4②）により算定されているかどうかに関しては，例えば次に掲げる事項を勘案して想定した取引を比較対象取引とすることができるとしています（指針 3-8(6)）。

イ　債務保証の対象債務の債務者が，債務保証が行われていないとした場合と行われた場合のそれぞれにおいて支払うべき利息その他これに

類する利率差

ロ　債務不履行が生ずる場合に，債務保証等を行った者が負担すべき損
　　失の額（債務不履行が生ずる確率を勘案した損失の額）の当該債務の額に
　　対する割合

　改正後の指針の参考事例集（第一章事例4　独立価格比準法に準ずる場合）
の≪前提条件3：債務保証の場合≫には，公開データベースから入手した
上記イの利率差（信用力に応じたスプレッドの差）が1%，ロの期待損失率が
0.5%であった想定取引が掲載されています。この場合の独立企業間の保
証料率等は，両者を平均した0.75%となるとされています。

11　役務提供の取扱い

　役務提供に関しては，棚卸資産の販売又は購入に適用される独立企業間
価格の算定方法と同等の方法を適用する必要がありますが（措法66の4②
二），国税庁は，独立価格比準法と同等の方法を適用する場合，及び，原価
基準法と同等の方法を適用する場合における比較対象取引に関する解釈通
達を発遣しています（措通66の4(8)-6）。

　法文上明らかだと思われますが，通達では，比較対象取引について，独
立価格比準法と同等の方法を適用する場合には，比較対象取引に係る役務
が国外関連取引に係る役務と同種であること，原価基準法と同等の方法を
適用する場合には，同種又は類似であることについての注意喚起が行われ
ています。しかし，国外関連取引と同種の非関連者間の役務提供取引に関
する情報の入手は困難だと思われますので，消去法的に原価基準法と同等
の方法の適用を検討することになると思われます。

　法人の役務提供といっても，その実質的な内容は，一定の能力を有する
人材による労務の提供です。その労務の提供を通じて，法人が有する無形
資産が提供される場合には，無形資産の提供を意図していたかどうかにか

かわらず，移転価格税制上，労務の提供に係る独立企業間価格とは別に，無形資産の提供に係る独立企業間価格を収受する必要があります（指針3-9）。

また，企業グループ内の役務提供の中には，独立企業間価格の請求が可能な役務提供なのかどうかに関して疑問が生ずるものもあります（指針3-10）。

仮に請求可能と認められても，企業グループの中核的事業を構成せず，ユニークな無形資産を使用しない低付加価値の役務提供には，独立企業間価格の簡便的な取扱いが認められています（指針3-11）。

これらの点を整理すれば，役務提供に係る独立企業間価格については，役務提供の範囲から無形資産の提供の要素を除外したうえで，次の(1)～(3)の検討過程を経て，最適な独立企業間価格を算定すべきものと思われます。

（1）　法人の主たる事業としての役務提供に該当する場合

原則として独立価格比準法と同等の方法又は原価基準法と同等の方法（措通66の4(8)-6）によって独立企業間価格を算定する必要があります。

（2）　企業グループ内役務提供に該当するかどうかの判断 （指針3-10）

第一に，法人が行う活動が，グループ全体としての経営，技術，財務又は営業上の活動等であれば，国外関連者にとって経済的又は商業的価値を有するものかどうかにより，国外関連者に対する役務提供に該当するかどうかを判断します。該当しない場合，対価を授受する必要はありません。

第二に，法人が行う活動と非関連者が国外関連者に対して行う活動又は国外関連者が自らのために行う活動との間で，その内容において重複がある場合には，当該法人が行う活動は，国外関連者に対する役務提供には該当しないと考えます。

第三に，例えば有価証券報告書の作成をはじめとする親会社が遵守すべき法令に基づいて行う書類の作成や，親会社が株主その他の投資家向けに行う IR 活動，企業集団の業務の適正を確保するための必要な体制の整備（会法 348 ③四，362 ④六，会規 98，100）その他のコーポレート・ガバナンスに関する活動は，国外関連者に対する役務提供には該当しないと考えます。

(3) 低付加価値グループ内役務提供に係る独立企業間価格の算定

（指針 3-11）

以上のスクリーニングを経て，有償性のある企業グループ内役務提供（Intra Group Service：IGS）とされた活動について，活動の性質に応じ，総原価に 5%を乗じた金額を加算する方法，総原価の額を独立企業間価格とする原価基準法に準する方法と同等の方法又は取引単位営業利益法に準ずる方法と同等の方法の適用を検討します。

総原価に 105%を乗じた金額を加算する方法は，当該役務提供が支援的な性質のものであり，企業グループ内の中核的事業活動に直接関連しない場合に適用を検討します（指針 3-11 (1)イ）。総原価の額を独立企業間価格とする方法は，当該法人又は国外関連者の本来の業務に付随して行われたものについて適用を検討します（指針 3-11 (2)(3)）。

この総原価の額には，原則として，当該役務提供に関連する直接費の額のみならず，合理的な配賦基準によって計算された担当部門及び補助部門における一般管理費等の間接費の額が含まれます（指針 3-11 (1)ヘ）。

IGS であっても，納税者自らが，原則的な独立価格比準法と同等の方法，原価基準法と同等の方法（措通 66 の 4 (8)-6 参照）等をベストメソッドとして適用できることは言うまでもありません。

12 無形資産取引

　無形資産は，有形資産とは異なり，権利者が有する一の無形資産を他者に使用許諾することにより，複数の者が同時に利用することができます。法律で保護されている特許権，著作権，商標権等の無形資産もありますが，ビジネスモデルのように対価の授受を伴わず模倣可能な無形資産もあります。

　企業会計原則の貸借対照表原則は，営業権，特許権，地上権，商標権等を無形固定資産として例示していますが，無形資産の意義は明らかではなく，費用配分の原則を除き，無形資産の一般的な認識・測定のルールは存在しません。企業会計原則が，費用配分の原則を貫く限り，無形資産の評価は問題となりません。

　法人税法においても，減価償却資産中に19種類の無形固定資産が列挙されているにすぎません（法法2二十二・二十三，法令13八）。

　移転価格税制は，国外関連者との間で行われる資産の販売，資産の購入，役務の提供その他の取引を国外関連取引としていますが，無形資産取引は，概ね，その他の取引として独立企業間価格の検証が行われるものと考えられます。

　無形資産の範囲は，会計，法人税法いずれの分野においても明確とはいえませんが，国税庁は，その対価として独立企業間価格が授受されるべき無形資産を，有形資産及び金融資産（措令39の12⑬二）以外の資産で，その譲渡又は貸付け（資産に係る権利の設定その他他の者に資産を使用させる一切の行為を含む）又はこれらに類似する取引が独立の事業者で行われるとした場合にその対価の額が支払われるべきものをいうとし，次のものを例示しています（措通66の4(8)-2）。

(1)　工業所有権その他の技術に関する権利，特別の技術による生産方式又はこれらに準ずるもの（法令183③一イ），著作権（出版権及び著作隣

接権その他これに準ずるものを含む）（法令183③一ロ），減価償却資産とされる無形固定資産（法令183③一ハ，13八イ〜ツ）

(2)　顧客リスト及び販売網

(3)　ノウハウ及び営業上の秘密

(4)　商号及びブランド

(5)　無形資産の使用許諾又は使用許諾に相当する取引により設定される権利

(6)　契約上の権利（(1)から(5)までに掲げるものを除く）

　無形資産に関しては，無形資産の範囲だけでなく，無形資産が国外関連者の所得にどの程度寄与しているかを検討する必要があります（指針3-12）。さらに，無形資産の法的な所有関係のみならず，無形資産を形成，維持又は発展（形成等）させるための活動において法人又は国外関連者の行った貢献の程度も勘案する必要があります（指針3-13）。法人と国外関連者間に，無形資産の使用に関する取り決めがない場合であっても，いずれか一方が保有する無形資産を他方が使用している場合には，使用許諾取引があるものとして独立企業間価格を算定する必要があります（指針3-14）。

　なお，移転価格税制には，法人が国外関連者との間で国外関連取引を行った場合には，当該国外関連取引に係る独立企業間価格を算定するために必要と認められる書類（ローカルファイル）の作成・取得・保存義務が定められていますが（措法66の4⑥），この義務が免除される場合があります（措法66の4⑦）。この免除される場合には，前事業年度において一の国外関連者との間で行った無形資産の譲渡又は貸付け又はこれらに類似する取引につき，当該一の国外関連者から支払を受ける対価の額及び当該一の国外関連者に支払う対価の額が3億円未満であることが含まれています（措法66の4⑦二）。

　この場合の無形資産は，特許権，実用新案権その他の資産（次の一・二の

資産を除く）とされていますが（措令39の12⑬），これは，ローカルファイルの免除要件のための無形資産の定義です。

一　有形資産（二に掲げるものを除く）

二　現金，預貯金，売掛金，貸付金，有価証券，デリバティブ取引に係る権利（法法61の5①），これらに類する資産（措規22の10⑨）

13 費用分担契約

　無形資産取引においては，無形資産の法的な所有関係のみでなく，無形資産の形成，維持又は発展（形成等）させる活動において法人又は国外関連者の行った貢献の程度を勘案する必要があります。この貢献の程度の判断にあたっては，当該無形資産の形成等のための意思決定，役務の提供，費用の負担及びリスクの管理にあたって両者が果たした機能を総合的に勘案しますが，法人又は国外関連者がその費用を負担しているだけでは，貢献の程度は低いものとされます（指針3-13）。

　費用分担契約とは，契約の当事者が，それぞれの行う事業において生ずる収益の増加，費用の減少その他の便益を得ることを目的として，無形資産又は有形資産の開発，生産又は取得及び役務の開発，提供又は受領を共同で行うこと（共同活動）を約し，当該共同活動への貢献（当該共同活動に係るリスクの引受け及び費用の負担を含む）を分担して行うことを定める契約です（指針3-15）。

　費用分担契約の参加者が，当該費用分担契約に基づき共同活動を行う場合において，当該共同活動により当該参加者それぞれの事業において生ずると予測される収益の増加，費用の減少その他の便益（予測便益）に応じて，当該共同活動への貢献を分担して行うことは国外関連取引に該当するとされています（指針3-16(1)第一文）。

　この場合において，当該費用分担契約が次の事項のすべてを満たすとき

は，当該費用分担契約には移転価格上の問題（措法66の4①）はないものとされます（指針3-16(1)第二文）。

イ　予測便益割合が適正に見積もられていること
ロ　当該参加者それぞれの当該共同活動への貢献の価値の額（貢献価値額）が，当該貢献が独立の事業者の間で通常の取引の条件に従って行われるとした場合に当該貢献につき支払われるべき対価の額として最も適切な方法により算定される金額と一致していること
ハ　当該参加者の貢献価値額の合計額のうちに占める当該参加者それぞれの貢献価値額の割合（貢献価値割合）が予測便益割合に一致していること

14　国外関連者に対する寄附金の損金不算入

　独立企業間価格は，資産の販売，資産の購入，役務の提供その他の取引等の国外関連取引について，個別の取引ごとに行うのが原則ですが，国外関連取引について，同一の製品グループに属する取引，同一の事業セグメントに属する取引等を考慮して価格設定が行われており，独立企業間価格についてもこれらの単位で算定することが合理的な場合には，これらの取引を一の取引として独立企業間価格を算定することができます（措通66の4(4)-1）。例えば，取引単位営業利益法は，その名称は取引単位の営業利益を検証する方法ですが，複数の国外関連取引を一の取引として，類似の独立企業の入手可能な営業利益と比較することが合理的と考えられるからこそ，移転価格実務において広く利用されているものと思われます。

　しかし，複数の国外関連取引を一の取引として検証することが移転価格上合理的であるとしても，一つ一つの国外関連取引についても，寄附金に該当するかどうかの検証が行われます。

　具体的には，法人が各事業年度において支出した寄附金のうち当該法人

に係る国外関連者に対するものは損金の額に算入されません（措法66の4③）。この寄附金の額とは，法人税法上の寄附金の額なので（法法37⑦），内国法人が資産の譲渡又は経済的な利益の供与をした場合において，その譲渡又は供与の対価の額が，当該資産等の譲渡の時における価額又は当該経済的利益の供与の時における価額に比して低い場合，当該対価の額と当該譲渡の時における価額との差額のうち，実質的に贈与又は無償の供与をしたと認められる金額（みなし寄附金：法法37⑧）を含むものと解されます。

　みなし寄附金は，財産の移転に限れば，一方による贈与の意思と相手方の受諾を必要とする贈与契約（民549）の存在を要件としているわけでなく，実質的な贈与を要件としていますので，贈与と実質的な贈与の違いが問題となりますが，一方的な意思表示による財産の無償移転が実質的な贈与に該当するものと思われます。さらに，当該資産等の譲渡の時における価額又は当該経済的利益の供与の時における価額と，独立企業間価格に違いがあるかどうかも問題となります。

　国税庁は，次に掲げる事実が認められた場合には，国外関連者に対する寄附金の損金不算入の適用があるとしています（指針3-20）。これは，国税庁が，実質的な贈与又は無償の供与の例示を試みたものと考えられます。

(a)　法人が国外関連者等に資産の販売等を行い，かつ，収益の計上を行っていない場合において，当該資産の販売等が金銭その他の資産又は経済的利益の無償の供与に該当する場合

(b)　法人が国外関連者から資産の販売等に係る対価の額の支払を受ける場合において，当該法人が受けるべき金額のうち当該国外関連者に実質的な資産の贈与又は経済的利益の無償の供与をしたと認められる金額があるとき

(c)　法人が国外関連者に資産の販売等に係る対価の支払を行う場合において，当該法人が支払う金額のうち当該国外関連者に金銭その他の資産又は経済的利益の贈与又は無償の供与をしたと認められる金額があ

るとき

（注）　法人が国外関連者に対して財政上の支援等を行う目的で国外関連取引に
係る取引価格の設定，変更等を行っている場合において，当該支援等に相当
な理由（子会社等を再建する場合の無利息貸付け等：法基通9-4-2）がある
場合には，国外関連者に対する寄附金の損金不算入規定（措法66の4③）
の適用がないとされています。

15　価格調整金の取扱い

　移転価格税制が適用されるのは，国外関連取引につき，法人が国外関連
者から支払を受ける対価の額が独立企業間価格に満たないとき，又は，当
該法人が当該国外関連者に支払う対価の額が独立企業間価格を超える場合
です（措法66の4①）。法人はこの場合に申告調整により独立企業間価格と
の差額を益金の額に算入することは可能です。

　しかし，法人が国外関連者から支払を受ける対価の額が独立企業間価格
を超えるとき，又は，当該法人が当該国外関連者に支払う対価の額が独立
企業間価格に満たない場合に，独立企業間価格との差額を損金の額に算入
する根拠はありません。法人がこの差額を損金の額に算入するには，すで
に行った国外関連取引の対価の額を変更して，差額（価格調整金等）を支払
う必要があります。価格調整金等は，契約の変更によって生ずる債務です
ので，事業年度末において未払であったとしても，売上原価又は債務確定
費用に該当すれば損金の額に算入されます（法法22③）。

　国税庁は，法人が価格調整金等の名目で，既に行われた国外関連取引の
対価の額を事後的に変更している場合には，当該変更が合理的な理由に基
づく取引価格の修正に該当するものかどうかを検討したうえで，合理的な
理由に基づかない場合には，国外関連者に対する寄附金に該当する場合が
あるとしています（指針3-21）。

16 同時文書化義務

　法人が，当該事業年度において，当該法人に係る国外関連者との間で国外関連取引を行った場合には，当該国外関連取引に係る独立企業間価格を算定するために必要と認められる書類（措規22の10⑥），いわゆるローカルファイルを，確定申告書の提出期限までに作成し，又は取得して，所定の方法（措規22の10⑦・⑧）で保存しなければなりません（措法66の4⑥）。

　この同時文書化義務は，次のいずれにも該当する場合には，その該当する国外関連取引に関する書類については免除されます（措法66の4⑦）。

　一　前事業年度において，一の国外関連者との間で行った国外関連取引について授受される対価の合計額が50億円未満であること

　二　前事業年度において，一の国外関連者との間で行った国外関連取引のうち，無形資産（措令39の12⑬）の譲渡若しくは貸付け又はこれらに類似する取引につき，授受される対価の合計額が3億円未満であること

　この規定により同時文書化が免除された国外関連取引には，同時文書化免除国外関連取引（措法66の4⑭），これ以外の国外関連取引には，同時文書化対象国外関連取引（措法66の4⑪）の用語が，それぞれ与えられています。

　ローカルファイルの内容に関しては，国外関連取引に係る資産の明細及び役務の内容を記載した書類（措規22の10⑥一）と，国外関連取引に係る独立企業間価格を算定するための書類（措規22の10⑥二）の区分が設けられています。

　国税庁は，平成29年6月に「移転価格ガイドブック～自発的な税務コンプライアンスの維持・向上に向けて」を公表していますが，その中に「Ⅲ同時文書化ガイド～ローカルファイルの作成サンプル」が含まれています。

なお，同時文書化義務とは独立した規定ですが，法人は，各事業年度において国外関連者との間で取引を行った場合には，当該国外関連者の名称及び本店又は主たる事務所の所在地その他の事項（措規22の10⑬）を記載した書類（別表17⑷国外関連者に関する明細書）を確定申告書に添付しなければなりません（法法66の4㉕）。

17　同時文書化対象国外関連取引に係る推定課税

　国税庁・所轄国税局・所轄税務署の当該職員から，同時文書化対象国外関連取引に係る書類の提示・提出を求められた場合，次の日までに提示・提出がなければ，税務署長は，独立企業間価格を推定して更正等を行うことができます（措法66の4⑫）。

- ・提示・提出を求められた日から45日を超えない範囲内において，提示・提出の準備に通常要する日数を勘案して当該職員が指定する日
- ・同時文書化国外関連取引に係る独立企業間価格を算定するために重要と認められる書類（措規22の10⑪）の提示・提出を求められた日から60日を超えない範囲内において，提示・提出の準備に通常要する日数を勘案して当該職員が指定する日

　独立企業間価格の金額の推定方法は，次のとおりです。

- (a)　当該法人の当該国外関連取引に係る事業と同種の事業を営む法人で事業規模その他の事業の内容が類似するもののその事業に係る売上総利益率又はこれに準ずる割合（措令39の12⑲）を基礎とした再販売価格基準法，原価基準法又はそれらと同等の方法（措法66の4⑫一）
- (b)　利益分割法，取引単位営業利益法又はそれらと同等の方法（措法66の4②一ニ，同②二，措令39の12⑳）

　上記(b)の方法は，(a)の方法を用いることができない場合に限り適用されます（措法66の4⑫かっこ書）。

18 同時文書化免除国外関連取引に係る推定課税

　国税庁・所轄国税局・所轄税務署の当該職員から，同時文書化免除国外関連取引に係る独立企業間価格を算定するために重要と認められる書類（措規22の10⑫）の提示・提出を求められた場合，その日から60日を超えない範囲内において，提示・提出の準備に通常要する日数を勘案して当該職員が指定する日までに提示・提出がなければ，税務署長は，独立企業間価格を推定して更正等を行うことができます（措法66の4⑭）。

　独立企業間価格の金額の推定方法は，同時文書化対象国外関連取引に係る推定方法と同様です。

19 独立企業間価格の算定に関する数値例

　ここでは，独立企業間価格の算定において，広く使われている取引単位営業利益法を例に，算定方法の決定過程と算定結果をQ&A方式で解説します。

　国外関連取引と比較対象取引が次のようなものであった場合，P社のS社に対する製品Aの販売に係る独立企業間価格はいくらになるでしょうか。

（国外関連取引）

　当事業年度において，日本法人P社は，X国の国外関連者S社に製品Aを販売し，S社は製品Aを同国の非関連者に1,000で販売しています。S社の販売費及び一般管理費は20です。

（比較対象取引）

　X国の第三者C社は，製品Aと類似の製品を第三者から仕入れ，同国の

第三者に販売しています。C 社の売上高営業利益率は 4% であることが分かっています。

取引単位営業利益法により，次の算式により独立企業間価格 940 を算定します。

算式：$1,000 - (1,000 \times 4\% + 20) = 940$

説明

独立企業間価格は，複数の独立企業間価格の算定方法のうち，最も適切な方法でなければなりません（措法 66 の 4 ②，指針 4-1，4-2）。したがって，最終的に取引単位営業利益法を用いる場合にも，基本三法の適用が可能かどうかの検討が必要です。

独立価格比準法は，製品 A の非関連者間取引が存在しないか，存在していたとしても取引価格に関する情報を入手できなければ適用の検討はできません（措法 66 の 4 ②一イ）。

再販売価格基準法（措法 66 の 4 ②一ロ）は，製品 A，又は，製品 A と類似の製品取引に係る非関連者間の売上総利益率に関する情報を入手できれば，適用の検討が可能です。この場合，S 社の果たす機能・リスクが，比較対象取引において非関連者が果たす機能・リスクとの間に差異があれば，その差異を売上総利益率によって調整する必要があり，その調整ができなければ適用できません（措令 39 の 12 ⑥ただし書）。ただし，必要な調整を加えることができなくても，四以上の比較対象取引に係る四分位法の中央値となる売上総利益率を使用して，再販売価格基準法を適用できる場合があります（措令 39 の 12 ⑥かっこ書，措規 22 の 10 ②・③）。

取引単位営業利益法のうち，売上高営業利益率を用いる方法は（措令 39 の 12 ⑧二），国外関連取引における棚卸資産（製品 A）の買手（S 社）が非

関連者に対して当該棚卸資産を販売した対価の額（再販売価格）1,000 から，再販売価格（1,000）に比較対象取引の営業利益率（4%）を乗じた金額（40）と販売費及び一般管理費（20）を加算した金額（60）を控除した金額（940）をもって独立企業間価格とする方法です。

　再販売価格基準法の場合と同様に，売手の果たす機能・リスクに差異がある場合には，売上高営業利益率の調整が必要ですが，必要な調整を加えることができなければ，四分位法の中央値の売上高営業利益率を使用することができる場合があります（措令 39 の 12 ⑧二かっこ書，措規 22 の 10 ④）。

03 出向

1 出向の意義

　出向とは，被雇用者が出向元との労働契約を維持したまま，他の企業で働くことです。外資系企業においては，出向は"secondment"と呼ばれているようです。企業の海外直接投資が，現地子会社の設立，既存企業の買収等の形態をとる場合には，投資先企業の強化・発展，グループ経営の効率化等を目指して，親会社の人材を現地法人に出向させる人事がしばしば行われます。このような人事が出向です。出向元にとっては，出向者が出向前と異なる経営環境における業務を経験することによる研修効果も期待できます。

　一般的な出向は，被雇用者が出向元との労働契約を維持したまま，出向先とも労働契約を締結する在籍出向です。出向者の出向後の労務提供先は出向先となるのが原則ですが，両者に労務を提供する兼務出向もありえると思われます。

　出向に際しては，出向元と出向先との間で，概ね次の事項を定めた出向契約を締結します。

- ・契約の当事者（出向元法人／出向先法人）
- ・出向者の特定
- ・出向期間
- ・就業条件（勤務場所，指揮命令権者，業務内容）
- ・勤務条件（適用される就業規則，年次有給休暇等に関する事項）
- ・給与，賞与，社会保険料の負担関係

2 法人税の課税関係

(1) 給与負担金の性質

　出向は，労働者派遣ではありませんので，出向元・出向先間の役務提供の性質を有しないものと考えられます。国税庁は，出向者に対する給与を出向元法人が支給することとしているため，出向先法人が自己の負担すべき給与（給与負担金）を出向元法人に支出したときは，当該給与負担金の額は，出向先法人における出向者に対する給与として取り扱うとしています（法基通9-2-45）。この取扱いは，出向には，出向先法人が出向元法人から，出向者を通じて人的役務の提供を受ける要素がないことを前提にしているものと思われます。

　出向契約が国外関連者間で締結された場合には，移転価格税制の問題とはなりえないと考えられるのは，法人税基本通達9-2-45の規定ぶりも一つの根拠になると思われます。

　留意すべきは，出向先法人において出向者に対する給与として取り扱われるのは，出向契約で定められた給与負担金の額だという点です。したがって，経営指導料等の名義で支出される金額であっても，給与負担金の性質を有する金額は，出向者に対する給与として取り扱われます（法基通9-2-45(注)1）。当然のことかもしれませんが，給与負担金の性質を有しない経営指導料が，法人と国外関連者で授受される場合には，その金額は独立企業間価格の検証対象となりえます（措法66の4①）。

(2) 出向元の給与負担に係る取扱い

　出向契約では，出向者の給与について出向元法人と出向先法人がそれぞれの負担額を定めます。給与負担金は，出向先法人のその出向者に対する給与として取り扱われますが（法基通9-2-45），出向元法人が出向者に支払う給与の額のうち，給与負担金を超える金額の取扱いは別途検討を要しま

す。

　この点に関し，国税庁は，出向元法人が出向先法人との給与条件の較差を補填するため出向者に支給した給与の額（出向先法人を経て支給した額を含む：給与条件較差補填金）は，当該出向元法人の損金の額に算入するとしています（法基通9-2-47）。通達の文言は，「給与較差を補填」ではなく，「給与条件の較差を補填」です。このように，「条件」の補填とされている点は，看過すべきではないと思われます。

　給与条件較差補填金には，出向元法人の海外勤務者規定に基づき支払われる海外勤務手当，ハードシップ手当，帯同家族手当等が該当するものと思われます。これらの手当は，海外勤務に伴い生ずる海外勤務の労苦，不便，追加的な生活費等の金銭的な補償額であり，国内勤務と比較した場合に生ずる給与条件の較差を補填する目的で支出されるからです。

　国税庁は，本通達において給与条件較差補填金に該当するものとして，次のものを含めています（法基通9-2-47(注)）。

注1）　出向先法人が経営不振等で出向者に賞与を支給することができないため出向元法人が当該出向者に対して支給する賞与の額

注2）　出向元法人が海外にあるため出向元法人が支給するいわゆる留守宅手当の額

　注1は，給与負担金の額が，出向者の給与の額に満たない場合に，出向元法人が労働契約に基づき支出する給与の額を，給与条件較差補填金として取り扱う例示と考えられます。類似例には，出向者に対する現地の給与水準と，出向者について出向元法人との労働契約において定められた給与の額が乖離している場合に，出向元法人が出向契約において負担することとなった給与の額等が考えられます。

　注2の類似例としては，上述した出向元法人の海外勤務者規定に基づき支払われれる海外勤務手当，ハードシップ手当，帯同家族手当等が考えら

れます。

　これら二つの(注)の前提は，出向者が，出向後も出向元法人との労働契約に基づく給与の額の支給を受ける権利を有することです。出向契約において，出向期間中の給与が出向元法人から支給することとされている場合において，出向元法人が出向者の給与の額の全額を出向先法人から受け入れている場合においては，出向元法人に法人税法上の問題が生ずることはないと思われます。しかし，受け入れ額が全額ではない場合には，出向元に給与負担が生じますので，その負担額が給与条件較差補填金に該当しない場合には，その負担額の損金性について疑問が生じます。

　給与条件較差補填金に該当しない出向元法人の負担額は，兼務出向であれば，金額の多寡とは関係なく出向元法人の給与として損金の額に算入されるものと考えられます。出向者が出向元法人の使用人ならば，給与の損金算入が制限されるのは，役員と特殊の関係にある使用人に対して支給される給与に限られるからです（法法36）。

　兼務出向の事実がない場合には，出向元法人から，出向者の労務が提供されている出向先法人に対する金銭の贈与（寄附金：法法37⑦）として取り扱われる可能性があると思われます。寄附金に該当するかどうかは，事案ごとに，出向の目的，出向者が現地で提供する労務の内容等を確認したうえで，出向元の事業に関連して支出されている金銭かどうかを検討して判断する必要があります。

　寄附金を支出した事実があれば，出向先法人が出向元法人の国外関連者に該当する場合には，寄附金の全額が損金不算入となります（措法66の4③）。

　兼務出向が，国外の出向先法人に対して行われる場合には，その出向者によって役務の提供を行う日本法人を，その国に恒久的施設を有するものとみなすとする租税条約（対インドネシア，タイ，中国，フィリピン，ヴィエトナム条約等）があります。このような租税条約が適用される場合，恒久的

施設を有するものとみなされた出向元法人（日本法人）には，現地国の法令にしたがって，現地の法人税が課される場合があります。

　現地で課された外国法人税は，日本の法人税法上，損金の額に算入されますが，外国税額控除の適用を受けることもできます（法法69①）。留意すべきは，課された外国法人税の額が，租税条約の規定により当該条約相手国が課することができることとされる額を超える部分に相当する金額若しくは免除することとされる額に相当する金額は，控除対象外国法人税の額から除かれる点です（法法69①かっこ書，法令142の2⑧五）。現地における法人税課税は，事業所得課税ですので，租税条約上の限度税率は設けられていませんが，事業所得課税は恒久的施設の存在が課税要件（「恒久的施設なければ事業所得課税なし」）ですので，少なくとも恒久的施設があるとみなされた根拠は明らかでなければなりません。

3　出向者個人の課税関係

(1)　居住者・非居住者判定

　所得税法上，居住者とは，国内に住所を有し，又は現在まで引き続いて1年以上居所を有する個人（所法2①三），非居住者とは居住者以外の個人をいうとされています（所法2①五）。

　所得税法において住所とは，各人の生活の本拠をいい，生活の本拠であるかどうかは客観的事実によって判断するとされていますが（所基通2-1），国の内外にわたって居住地が異動する者の住所が国内にあるかどうかの判定にあたっては，政令に推定規定が設けられています。

　国内から海外への出向によって，国外に居住することとなった個人の場合，その出向期間が，出向契約で1年以上とされている場合には，その者は，国内に住所を有しないものと推定されます（所令15①一）。この推定規定により，出向者が国内に住所を有しないもの（非居住者）と推定される

のは，離日した日の翌日からと考えられます（所基通 2-4 参照）。

（2）　離日時の所得税務

　出向元法人は，出向者に対して離日直前の給与を支払う際に年末調整を行い，過不足税額を精算する必要があります（所法 190，所基通 190-1⑵）。

　出向者が，給与所得以外の所得を有する場合には，出国（所法 2①四十二）の時までに確定申告をする必要があります（所法 127）。ただし，納税管理人（通則法 117）を定めた場合には，出国とはされませんので，確定申告書の提出期限は，翌年 3 月 15 日です（所法 120）。

（3）　離日後の課税関係

　離日後の出向者は非居住者ですので，国内源泉所得のみについて所得税が課されます（所法 7①三）。恒久的施設を有しない非居住者に課される国内源泉所得には，総合課税の対象所得と（所法 164①二，161①二・三，五〜七・十七），分離課税の対象所得がありますが（所法 164②，161①八〜十六，169，170），分離課税の国内源泉所得については，国内における支払者が所得税等の源泉徴収義務を負いますので（所法 169，170，212①，復興財確法 28），給与等につき源泉徴収を受けない場合（所法 172，161①十二ニイロ）を除き，所得者本人が確定申告書を提出する必要はありません。

　給与所得の課税時期は，契約又は慣習等により支給日が定められているものについては，その支給日です（所法 36①，所基通 36-9）。したがって，離日後に支給日が到来する給与については，居住者としての課税は行われず，非居住者の国内源泉所得について，所得税が分離課税されます。

　離日後に支給日が到来する給与については，その給与計算期間に居住者期間と非居住者期間の両期間が含まれる場合があります。この場合，居住者期間に係る給与（所基通 161-41）は，国内源泉所得なので，国内における給与の支払者である出向元法人は所得税等の源泉徴収義務を負うのが原則

です（所法 161 ①十二イ，212 ①，213 ①）。ところが，国税庁は，給与等の計算期間の途中で離日した者に対して，離日後に支払う給与等については，その計算期間が 1 月以下であれば，その給与等の全額が国内勤務に対応する場合を除き，その総額を国内源泉所得に該当しないものとする緩和通達を発遣しています（所基通 212-5）。

　この取扱いは，給与等の計算期間が 1 月以下の場合に適用されるにすぎませんので，計算期間が 1 月超となる賞与や，離日後に行使するストックオプションの経済的利益等については，国内勤務期間に対応する金額（所基通 161-41）が，国内源泉所得として分離課税されます。

　離日後の出向者は，出向先国の所得税法において居住者として取扱われることになると思われますので，給与条件較差補填金を含む全ての所得に対して，現地国の所得税が課されるものと思われます。

4 消費税の課税関係

　出向は，事業として対価を得て行われる役務の提供（労働者派遣）ではありませんので，消費税法上の資産の譲渡等（消法 2 ①八）に該当することはありません。したがって，出向は消費税の課税対象外（不課税）取引です（消法 4 ①）。

　消費税法基本通達においても，事業者の使用人が他の事業者に出向した場合において，出向者に対する給与を出向元事業者が支給していることとしているため，出向先事業者が，給与負担金を出向元事業者に支出したときは，当該給与負担金の額は，当該出向先事業者におけるその出向者に対する給与として取り扱われています（消基通 5-5-10）。

04 外国子会社合算税制 (CFC 税制)

1 制度の概要

多国籍化した企業が行う軽課税国に対する直接投資は，グループ全体の租税負担を軽減します。外国子会社合算税制（措法 66 の 6）は，内国法人による，海外子会社等を利用した租税回避行為を防止することを目的としています。

1978 年の制度創設時には，大蔵大臣が指定した軽課税国にある海外子会社等（特定外国子会社等）が，所得を留保して配当課税を繰り延べる行為を租税回避行為と位置付け，その防止を目的とする配当促進税制の役割を担っていました。

ところが，2009 年の外国子会社配当益金不算入制度（法法 23 の 2）の創設に伴い，配当促進税制の役割は根拠を失いました。本改正が規制対象とする租税回避行為は，本来，親会社に帰属すべき所得を人為的に軽課税国に付け替える行為です。

2015 年には，BEPS（Base Erosion and Profit Shifting：税源浸食と利益移転）行動計画 3「被支配外国法人（Controlled Foreign Company：CFC）税制の効率化」が取りまとめられました。

2017 年改正後の現行外国子会社合算税制は，BEPS 行動計画 3 を踏まえながら，それまでの CFC 税制を洗練させ，外国子会社等の事業内容に応じて，経済実態の伴わない海外子会社等の所得の全部，又は，一部の受動的所得を合算課税の対象とするものです。

2 現行制度の全体像

CFC税制は，一定の内国法人に係る外国関係会社のうち，特定外国関係会社又は対象外国関係会社に該当するものの適用対象金額に，内国法人の持株割合（請求権等勘案合算割合）を乗じた課税対象金額を，その内国法人の収益の額とみなして，各事業年度終了の日から2月を経過する日を含む事業年度の所得の金額の計算上，益金の額に算入するものです（措法66の6①柱書）。

したがって，CFC税制の適用を検討する際には，外国関係会社の範囲を特定する作業が最初に必要となります。次に，内国法人の外国関係会社への出資割合等が，一定以上かどうかを確認し，その内国法人がCFC税制の納税義務者となる内国法人に該当するかどうかを検討します。

そのうえで，外国関係会社が，経済実態を伴わない特定外国関係会社（措法66の6②二），又は，対象外国関係会社（措法66の6②三）に該当するかを検討します。外国関係会社がこれらに該当しない場合であっても（措法66の6②六），特定所得に該当するものがあれば合算課税されます（措法66の6⑥）。これらの検討結果を踏まえて，外国関係会社ごとに，合算課税の金額（措法66の6①・⑥）を計算します。これらの検討作業は，事務効率を考慮し，合算課税の免除規定（措法66の6⑤一・二，⑩）の適用があるかどうかを検討しながら行うことが想定されています。

3 外国関係会社の範囲

外国関係会社とは，居住者及び内国法人並びに特殊関係非居住者（居住者株主等）の外国法人に係る次の(a)～(c)の割合のいずれかが50%超の外国法人（措法66の6②一イ），及び，居住者及び内国法人との間に実質支配関係（措法66の6②一ロ）がある外国法人です。

(a)　直接＋間接株式保有割合

(b)　直接＋間接議決権保有割合

(c)　直接＋間接配当請求権割合

　上記の「間接」とは，他の外国法人を経由した 50％超の出資の連鎖関係を意味します（措令 39 の 14 の 2 ②・③・④）。例えば，内国法人甲が，外国法人 A を 51％保有し，A 社が外国法人 B を 100％保有する場合は，甲社の B 社に対する間接株式保有割合は 100％となります。

　特殊関係非居住者には，居住者の親族，居住者の使用人，内国法人の役員及び特殊関係使用人等が含まれます（措法 66 の 6 ②一イかっこ書，措令 39 の 14 の 2 ①，39 の 14 ⑥一イ〜ヘ，法令 72）。特殊関係非居住者は，あくまでも非居住者（措法 2 ①一の二，所法 2 ①五）ですので，CFC 税制の納税義務者（措法 40 の 4 ①）ではありませんが，国外に居住する関係者に株式を分散保有させることによって外国関係会社の判定を免れる行為を規制するために設けられています。

　実質支配関係とは，居住者又は内国法人（居住者等）と外国法人との間に次の事実その他これに類する事実が存在する場合における当該居住者等と当該外国法人との関係とされています（措法 66 の 6 ②五，措令 39 の 16 ①）。

・居住者等が外国法人の残余財産のおおむね全部について分配を請求する権利を有していること

・居住者等が外国法人の財産の処分の方針のおおむね全部を決定できる旨の契約その他の取決めが存在すること

　実質支配関係が外国関係会社の判定要件の一つとされたのは，居住者等が外国法人の株式を保有することなく，その外国法人の株主が配当請求権や議決権を行使しない投資スキームの構築が可能と考えられたからです。

　なお，外国関係会社の株式保有割合等による 50％超の判定には，外国法

人の各株主の居住地国に関する情報が必要です。内国法人が，外国法人の支配株主であれば，この種の情報の入手は容易かもしれませんが，外国法人が所在する国の会社法が，株主に対して他の株主情報へのアクセスを制限している場合には，外国関係会社の判定が事実上困難になる可能性があります。

| 4 | **CFC 税制の納税義務者** |

CFC 税制の納税義務者は，外国関係会社の株式を直接・間接に 10% 以上保有する内国法人です（措法 66 の 6 ①一イロハ）。外国関係会社との間に実質的な支配関係のある内国法人も納税義務者に含まれます（措法 66 の 6 ①二）。

さらに，外国関係会社の株式を直接・間接に 10% 以上保有する内国法人と一の同族グループに属する内国法人も納税義務者に含まれます（措法 66 の 6 ①四）。

納税義務者の判定における「間接」は，外国関係会社の判定における「間接」が連鎖方式の概念である点とは異なり，掛算方式の概念です（措令 39 の 14 ③・④・⑤）。

掛算方式では，内国法人甲が，外国法人 A を 51% 保有し，A 社が外国法人 B を 100% 保有する場合は，納税義務者の判定における甲社の B 社に対する間接株式保有割合は 51%（51%×100%）となります。

納税義務者の判定は，判定対象の外国法人が外国関係会社に該当するかどうかの判定を経て行いますが，いずれの判定も，当該外国法人（外国関係会社）の各事業年度終了時の現況により行うこととされています（措令 39 の 20 ①）。

特定外国関係会社・対象外国関係会社の判定

　特定外国関係会社と対象外国関係会社の判定は，特定外国関係会社に該当するかどうかを先に行います。

（1）　**特定外国関係会社の範囲** （措法66の6②二）

　次のイ，ロ，ハの外国関係会社は，特定外国関係会社に区分されます。

イ　**次のいずれにも該当しない外国関係会社**

(a)　その主たる事業を行うに必要と認められる事務所，店舗，工場その他の固定的施設を有している外国関係会社（措通66の6-6）

(b)　その本店又は主たる事務所の所在する国又は地域（本店所在地）においてその事業の管理，支配及び運営を自ら行っている外国関係会社（措通66の6-7，6-8）

(c)　外国子会社（外国関係会社と本店所在地国を同じくするものに限定）の株式等の保有を主たる事業とする外国関係会社のうち一定のもの

(d)　特定子会社（管理支配会社と本店所在地国を同じくするものに限定）の株式等の保有を主たる事業とする等の一定の外国関係会社

(e)　不動産の保有，石油等の天然資源の探鉱等又は社会資本の整備に関する事業の遂行上欠くことのできない機能を果たしている等の一定の外国関係会社

　(a)(b)は，いわゆるペーパーカンパニーを特定外国関係会社に区分するための規定ですが，(c)(d)(e)に該当する外国関係会社は，(a)(b)に該当しなくても特定外国関係会社に区分されることはありません。

ロ　受動的所得の割合が一定以上の外国関係会社（事実上のキャッシュ・ボックス）

　キャッシュ・ボックスとは，BEPS プロジェクトの最終報告書において，豊富な資本を持ちながら，能動的な事業遂行やリスク管理に必要な機能をほとんど果たしていない事業体に付された通称であり，BEPS リスクが高いと考えられたため，特定外国関係会社に区分されました。

ハ　租税に関する情報の交換に関する国際的な取組への協力が著しく不十分な国又は地域として財務大臣が指定する国又は地域に本店又は主たる事務所を有する外国関係会社（ブラック・リスト国所在外国関係会社）

（2）　対象外国関係会社の範囲（措法 66 の 6 ②三）

　以上の判定によって，特定外国関係会社に区分されなかった外国関係会社が，次のいずれかの要件（経済活動基準）に該当しない場合には，対象外国関係会社に区分されます（措法 66 の 6 ②三）。

イ　事業基準

　株式等若しくは債券の保有，工業所有権その他の技術に関する権利，特別の技術による生産方式若しくはこれらに準ずるもの若しくは著作権の提供又は船舶若しくは航空機の貸付けを主たる事業とするものでないこと

ロ a　実体基準

　その本店所在地国においてその主たる事業を行うに必要と認められる事務所，店舗，工場その他の固定施設を有していること（措通 66 の 6-6）

ロ b　管理支配基準

　その本店所在地国においてその事業の管理，支配，及び運営を自ら行っていること（措通66の6-7，6-8）

ハ(1)　非関連者基準

　各事業年度においてその行う主たる事業が卸売業，銀行業，信託業，金融商品取引業，保険業，水運業，航空運送業又は物品賃貸業の場合に，その事業を主として関連者以外の者と行っている場合（措令39の14の3㉗・㉘・㉙，措通66の6-17）

ハ(2)　所在地国基準

　各事業年度においてその行う事業が非関連者基準の適用事業以外の事業の場合に，その事業を主として本店所在地国において行っている場合（措令39の14の3㉜，措通66の6-17）

　上記イの事業基準が定める株式等の保有を主たる事業とする外国関係会社には，当該外国関係会社が他の法人の事業活動の総合的な管理及び調整を通じてその収益性の向上に資する業務（措令39の14の3⑰：統括業務）を行う場合における当該他の法人（措令39の14の3⑱：被統括会社）の株式等の保有を行う統括会社（地域統括会社）は含まれません（措令39の14の3⑳・㉑）。ただし，統括会社と所在地国基準が適用されるいわゆる純粋持株会社の営む事業の違いは必ずしも明らかではありません。

Column

日本標準産業分類における純粋持株会社

　CFC税制において，株式の保有を主たる事業とする外国関係会社は，経

済活動基準のうち事業基準を満たすことができず，直ちに，対象外国関係会社に区分されます（措法66の6②三イ）。このような法の建付けが行われたのは，1978年の立法時に，株式の保有を主たる事業とする事業は，我が国からでも十分営むことができるものであり，その地に本店を置くことに積極的な経済合理性を認め難いと考えられたからです。

　一方，外国関係会社の行う事業が，卸売業，銀行業，信託業，金融商品取引業，保険業，水運業，航空運送業又は物品賃貸業に該当する場合には，経済活動基準のうち，非関連者基準が適用されることとされ（措法66の6②三ハ(1)），これら以外の事業に関しては，所在地国基準が適用されます（措法66の6②三ハ(2)）。

　国税庁は，外国関係会社が営む事業が，非関連者基準が適用されるこれらの事業に該当するかどうかに関しては，原則として，日本標準産業分類（総務省）の分類を基準として判定するとしています（措通66の6—17）が，上述したとおり，株式の保有を主たる事業を営む外国関係会社については，日本標準産業分類のスクリーニングを経て，所在地国基準が適用されることはなく，直ちに対象外国関係会社（改正前の特定外国子会社等）に区分されます。

　しかしこのような検討手順には疑問もあります，スクリーニングの対象とならない，株式の保有を主たる事業の意義が明らかではないからです。現在の日本標準産業分類は，株式の保有を主たる事業とする事業について，細分類7282純粋持株会社（「大分類L学術研究，専門・技術サービス業」）を設け，細分類の説明を「経営権を取得した子会社の事業活動を支配することを業とし，自らはそれ以外の事業活動を行わない事業所をいう。ただし，子会社からの収益を得ることは事業活動とはみなさない。」としています。

　このような純粋持株会社の事業について，制度創設時に，その性格からして我が国においても十分行い得るとして，経済合理性を見出すことができないと考えられたのは，現地子会社の事業活動を支配し，これらの子会社に，現地で必要となるサービスを提供して収益を得ること以外の事業活

動を行わない純粋持株会社の今日的な存在形態が想定されていなかったからではないかと考えられます。

　最高裁判所は，内国法人のシンガポール子会社が行っていた地域統括業務が，地域経済圏の存在を踏まえて域内グループ会社の業務の合理化，効率化を目的とするものであって，当該地域において事業活動をする積極的な経済合理性を有することが否定できないから，これが株式の保有に係る事業に含まれると解することは，CFC税制の規定の趣旨と整合しないとしています（最高裁平成29年10月24日第三小法廷判決）。

6　部分対象外国関係会社

　上記経済活動基準（措法66の6②三イロハ）の全てに該当する外国関係会社は部分対象外国関係会社に区分されます（措法66の6②六）。

　特定外国関係会社と対象外国関係会社については，会社単位の所得（適用対象金額）が合算課税の対象とされますが（措法66の6①），部分対象外国関係会社については，12種類の特定所得の金額（措法66の6⑥一〜十二）から算出される部分課税対象金額が合算課税の対象となります。

7　課税対象金額の計算過程

　特定外国関係会社又は対象外国関係会社について，内国法人の収益の額とみなされる（合算課税される）課税対象金額（措法66の6①かっこ書）は，適用対象金額に，請求権等勘案合算割合を乗じた金額です（措令39の14①）。

　適用対象金額は，特定外国関係会社又は対象外国関係会社の各事業年度の決算に基づく所得の金額につき，一定の方法で計算した基準所得金額を

基礎として計算します（措法66の6②四）

　請求権等勘案合算割合は，平たく言えば，内国法人が外国関係会社に対して有する直接・間接の配当請求権割合です（措令39の14②一）。間接保有は，内国法人が外国関係会社の株式を他の外国法人を通じて保有する形態であり，間接の配当請求権割合は，掛算方式で計算します（措令39の14②三）。

　基準所得金額の計算には，本邦法令基準（措令39の15①）と本店所在地国法令基準（措令39の15②）の選択適用が認められています。いずれの方法においても，外国関係会社と内国法人との取引は独立企業間価格（措法66の4①）で行われたものとして所得の金額を計算する必要があります（措令39の15①一かっこ書，39の15②かっこ書）。

　いずれの方法を選択適用したとしても，選択した方法は継続適用する必要があり，他の方法の適用を受けようとする場合には，納税地の所轄税務署長の承認を受ける必要がありますが（措令39の15⑩），具体的な承認の手続きは明らかではなく，承認基準及び不承認の場合における不服申立て手続きも定められていません。

　適用対象金額は，これらの方法によって算定した基準所得金額から，当該各事業年度開始の日前7年以内に開始した各事業年度において生じた欠損の金額及び当該基準所得金額に係る税額に関する調整（措令39の15⑤）を加えた金額です（措法66の6②四）。

　したがって，欠損金の調整を考慮しなければ，基準所得金額は，外国関係会社の各事業年度の税引前所得，適用対象金額は税引後所得の性質を有します。

（1） 本邦法令基準による基準所得金額

　各事業年度の決算に基づく所得の金額について，次の一号と二号の金額の合計額から，三号から五号までの金額の合計額を控除した残額です（措令 39 の 15 ①柱書）。一号の金額が欠損の金額（マイナス）の場合には，二号の金額からその欠損の金額と三号と四号の金額を控除した残額です（措令 39 の 15 ①かっこ書）。

一号　法人税法の内国法人の所得計算に関する諸規定（法法 22〜64 の 3，65（一部除外規定あり））及び租税特別措置法の諸規定（措法 43，45 の 2，52 の 2，57 の 5，57 の 6，57 の 8，57 の 9，61 の 4，65 の 7〜65 の 9，66 の 4 ③，67 の 12，67 の 13）の例に準じて計算した場合に算出される所得の金額又は欠損の金額

　　これらの法人税法の規定のうち，受取配当等の益金不算入（法法 23），外国子会社から受ける配当等の益金不算入（法法 23 の 2），法人税額等の損金不算入（法法 38），法人税額から控除する所得税額の損金不算入（法法 40），法人税額から控除する外国税額の損金不算入（法法 41），欠損金の繰越し（法法 57）等の規定は適用されません（措令 39 の 15 ①一かっこ書）。

　適用される法人税法の規定には，減価償却資産の償却費の計算及びその償却の方法（法法 31）が含まれますので，会計慣行が異なる外国関係会社の減価償却資産の全てについて，法人税法が定める損金経理要件を前提とした償却限度額の計算が必要です。ただし，国税庁は，内国法人が外国関係会社の決算を修正した損益計算書の経理をもって損金経理要件を満たすものとして取り扱うとしています（措通 66 の 6-20(2)）。しかし，決算の修正は納税義務者となる内国法人が統一的に行うものとされ，個々の内国法人ごとに行うことは認められていません（措通 66 の 6-20(注)）。

適用される租税特別措置法の規定は，交際費等の損金不算入（措法 61 の 4），国外関連者に対する寄附金の損金不算入（措法 66 の 4 ③），組合事業等による損失の課税の特例（措法 67 の 12）等以外は，内国法人に対する租税優遇措置を外国関係会社の所得計算にも認めるものです。

二号　当該各事業年度において納付する法人所得税（附帯税を含む）の額

三号　当該各事業年度において還付を受ける法人所得税の額

　これら二号と三号の金額が加減されるのは，基準所得金額が税引前（税込）所得の性質を有することを示しています。

四号　子会社（発行済株式等の 25％以上を 6 月以上継続保有）から受ける配当等の額

　受取配当等の益金不算入（法法 23），及び，外国子会社から受ける配当等の益金不算入（法法 23 の 2）規定は，適用される法人税法の諸規定から除かれているため（措令 39 の 15 ①），四号において，統一的な取扱いが設けられたものです。

五号　ペーパーカンパニー等の整理に伴う一定の株式譲渡益

　2018 年の税制改正により追加された項目です。買収した外国企業の傘下にあるペーパーカンパニー等を整理する場合に生ずる一定の所得を合算対象から除くために設けられたものです。

（2）　本店所在地国法令基準による基準所得金額

　外国関係会社の本店所在地国の法人所得税に関する法令により計算した所得の金額に所定の加減算を行った残額です（措令 39 の 15 ②）。

イ　加算項目（法令 39 の 15 ②一～十三）

　一　本店所在地国の法令の規定により法人所得税の課税標準に含まれないこととされる所得の金額（非課税所得）

　二　損金に算入された支払配当の額

三　減価償却資産の取得価額が損金算入限度額とされる制度（自由償却制度）が適用されている場合において，減価償却資産の法人税法上の償却限度額（法法 31）を超える部分の金額

四　資産の評価替え損失の損金不算入額（法法 33）

五　役員給与の損金不算入額（法法 34）

六　特殊関係使用人給与の損金不算入額（法法 36）

七　寄附金の損金不算入額（法法 37 ①，措法 66 の 4 ③）

八　納付する法人所得税の額で損金の額に算入している金額

九　繰越欠損金の額で損金算入されている金額

十　保険準備金の積立額のうち租税特別措置法において損金の額にされない金額（措法 57 の 5，57 の 6）

十一　保険準備金の益金算入額のうち，租税特別措置法において益金の額とならない金額

十二　交際費等の損金不算入額（措法 61 の 4 ①）

十三　組合事業損失の損金不算入額（措法 67 の 12，67 の 13）

ロ　減算項目（措令 39 の 15 ②十四〜十八）

十四　組合損失超過額のうち，租税特別措置法において損金の額に算入される金額（措法 67 の 12 ②，67 の 12 ③）

十五　その還付を受ける法人所得税の額で益金の額に算入している金額

十六　資産の評価益の益金不算入額（法法 25）

十七　子会社（発行済株式等の 25％以上を 6 月以上継続保有）から受ける配当等の額（措令 39 の 5 ①四）

十八　ペーパーカンパニー等の整理に伴う一定の株式譲渡益（措令 39 の 15 ①五参照）

（3）　控除対象配当等の額の控除

　基準所得金額の計算対象となった外国関係会社が，合算課税の対象となる外国関係会社（内国法人の孫会社に相当）から配当の支払を受ける場合，配当原資となる孫会社の所得について，二重課税が生ずる懸念があります。

　二重課税の多くは，子会社（発行済株式等の25％以上を6月以上継続保有）から受ける配当等の額の基準所得金額からの減額措置（措令39の15①四，②十七）により排除されますが，減額措置の対象とならない配当等の額（控除対象配当等の額）についても基準所得金額からの控除が認められます（措法66の6②四，措令39の15③）。

9　適用対象金額の計算

　適用対象金額は，基準所得を基礎として，各事業年度開始の日前7年以内に各事業年度において生じた欠損の額（基準所得金額のマイナスの値）及び当該基準所得金額に係る税額に関し，次の調整を加えた金額です（措法66の6②四，措令39の15⑤）。

一　各事業年度開始の日前7年以内に開始した事業年度において生じた欠損金額の合計額に相当する金額

　　　欠損金の額が生じた事業年度には，外国関係会社に該当しなかった事業年度，及び，外国関係会社に該当した事業年度であっても，租税負担割合により合算課税の適用が免除された事業年度は除かれます（措令39の15⑤一かっこ書，措法66の6⑤一・二）。

二　外国関係会社が各事業年度において納付することとなる法人所得税の額

　　　各事業年度末までに確定している法人所得税の額です。したがって，当該各事業年度の所得に対して翌事業年度に行われる申告・賦課決定等により確定する法人所得税の額は含まれません。

10 租税負担割合による合算課税の適用免除

　納税義務者となる内国法人に係る外国関係会社が次に該当する場合には，外国関係会社のその該当する事業年度に係る適用対象金額については，合算課税の適用が免除されます（措法66の6⑤）。

(a)　特定外国関係会社の各事業年度の租税負担割合が30％以上の場合

(b)　対象外国関係会社の各事業年度の租税負担割合が20％以上の場合

　租税負担割合は，各事業年度の所得に対して課される租税の額（分子）を当該事業年度の所得の金額（分母）で除して計算した割合です（措令39の17の2①）。

　分母の所得の金額は，法人の所得に対して課される税が存在しない国又は地域に本店又は主たる事務所を有する外国関係会社（措令39の17の2②一ロ）を除き，外国関係会社の各事業年度の決算に基づく所得の金額につき，次の(1)から(5)の金額の合計額を加算した金額から(6)の金額を控除した残額です（措令39の17の2②一イ）。

(1)　配当等以外で外国法人税の課税標準に含まれない所得の金額（非課税所得）

(2)　損金の額に算入されている支払配当

(3)　損金の額に算入されている外国法人税の額

(4)　保険準備金繰入限度超過額

(5)　保険準備金取崩不足額

(6)　益金の額に算入されている還付外国法人税の額

　分子の租税の額は，各事業年度の所得の金額につき本店所在地国又は本店所在地国以外の国若しくは地域において課される外国法人税の額です（措令39の17の2②二）。ただし国税庁は，国内源泉所得（法法138①，161

①）について課された日本の法人税，所得税等の額を外国法人税に含めることができるとする取扱いを明らかにしています（措通66の6-24）。

　この外国法人税の額は，本店所在地国の法令により間接外国税額控除の適用を受けた外国法人税の額を含み，本店所在地国以外の国又は地域に所在する法人から受ける配当等が非課税とされている場合には，配当等の額に対して課される外国法人税の額は含まれません（措令39の17の2②三）。

　その本店所在地国の外国法人税の税率が所得の額に応じて高くなる場合には，分子の外国法人税の額は，これらの税率のうち最も高い税率で算定した外国法人税の額とすることができます（措令39の17の2②四）。

　分母の(1)の非課税所得の範囲について，国税庁は，外国関係会社の本店所在地国へ送金されない限り課税標準に含まれないこととされる国外源泉所得，及び，租税特別措置法第65条の2（収容換地等の場合の所得の特別控除）の規定に類する制度により決算に基づく所得の金額から控除される特定の取引に係る特別控除額の二つを例示しています（措通66の6-25）。この例示からは，組織再編を含む所得の期間帰属の取扱いについて課税が繰延べられた所得が，非課税所得として取り扱われることはないと解されます。

　外国関係会社の所得の金額がない場合又は欠損の金額となる場合の租税負担割合は，主たる事業に係る収入金額から所得が生じたとした場合にその所得に対して適用される税率に相当する割合となります（措令39の17の2②五イ）。

　法人の所得に対して課される税が存在しない国又は地域に本店又は主たる事務所を有する外国関係会社の租税負担割合は，所得の金額がない場合又は欠損の金額となる場合には零とされていますが（措令39の15②五ロ），所得の金額がある場合には，本店所在地国以外で外国法人税が課される場合があること（措令39の17の2②二，措通66の6-24）を考慮した租税負担割合の計算方式が別途定められています（措令39の17の2②一ロ）。

11 外国関係会社に係る資料提供義務

(1) 財務諸表等の確定申告書添付義務

　租税負担割合が 20% 未満の外国関係会社（特定外国関係会社に該当する場合には 30% 未満）の株式等を 10% 以上保有することにより納税義務者となる内国法人（措法 66 の 6 ①）は，確定申告書に次の一～七の資料を添付する義務があります（措法 66 の 6 ⑪一・二，措規 22 の 11 ㊽）。この添付義務は，合算課税の対象となる所得の有無とは関係なく生じます。

　法人税法は，確定申告書の記載事項及びこれに添付すべき書類の記載事項のうち，別表に定めるものの記載については，これらの表の書式によらなければならないとしていますが（法規 34 ②），一～五の書類は，別表 17 ⑶「添付対象外国関係会社の名称等に関する明細書」の添付書類として示されています。六の明細については，別表 17 ⑶付表 1「添付対象外国関係会社に係る株式等の保有割合等に関する明細書」への記載が求められており，七の書類については付表 1 に別紙として添付することとされています。

　一　各事業年度の貸借対照表及び損益計算書
　二　株主資本等変動計算書
　三　貸借対照表及び損益計算書に係る勘定科目内訳明細書
　四　本店所在地国の法人所得税の申告書の写し
　五　企業集団等所得課税（措令 39 の 15 ⑥）の適用がない場合に計算される法人所得税の額の計算明細
　六　株主等の明細（直接保有）
　七　外国法人を経由した間接保有関係を明らかにする書類

　CFC 税制の適用の有無を入口で判断したトリガー税率は 2017 年の改正により廃止されましたので，外国関係会社が経済活動基準のいずれかに該

当しなければ，租税負担割合の大小とは関係なく対象外国関係会社に区分され（措法66の6②三），会社単位の合算課税の対象となります（措法66の6①）。

しかし，租税負担割合が20％以上の場合には，合算課税の適用が免除されますので（措法66の6⑤二），財務諸表等の添付義務についても，納税義務者の事務負担を考慮して，租税負担割合が20％未満の外国関係会社のみが対象とされています。外国関係会社が，特定外国関係会社に該当する場合にも，基準となる税率は30％と異なりますが，資料添付義務の基本的な考え方は共通しています。

なお，外国関係会社が経済活動基準の全てに該当し，部分対象外国関係会社に区分される場合には，部分課税対象金額の合算課税が行われますが（措法66の6⑥），租税負担割合が20％以上の場合には部分合算課税は免除され（措法66の6⑩一），部分対象外国関係会社に限定した資料添付義務も定められていません。

（2）　税務調査における資料の提示・提出義務

国税庁の当該職員又は内国法人の納税地の所轄税務署若しくは所轄国税局の当該職員は，内国法人に係る外国関係会社が，ペーパーカンパニー等に該当するかどうか（措法66の6②二イ(1)～(5)，措令39の14の3④～⑯）を判定するために必要があるときは，当該内国法人に対し，期間を定めて，ペーパーカンパニー等に該当しないことを明らかにする書類その他の資料の提示又は提出を求めることができるとされています（措法66の6③前段）。

この場合において，当該資料の提示又は提出がないときは，当該外国関係会社はペーパーカンパニー等に該当するもの（特定外国関係会社）と推定されます（措法66の6③後段）。

同様に，国税庁の当該職員等が，経済活動基準（措法66の6②三イロハ，措令39の14の3⑰～㉜）に該当するかどうかを判定するために必要がある

ときは，当該内国法人に対し，期間を定めて経済活動基準に該当すること
が明らかである書類その他の資料の提示又は提出を求めることができると
され（措法66の6④前段），当該資料の提示又は提出がないときは，当該外
国関係会社は経済活動基準に該当しないもの（対象外国関係会社）と推定さ
れます（措法66の6④後段）。

Column

CFC 税制の資料提供義務

　租税負担割合が20％未満の外国関係会社（特定外国関係会社を除く）
の株式を，10％以上保有する内国法人は，確定申告書に所定の7つの書類
を添付する義務があります（措法66の6⑪一，措規22の11の2㊽一～
七）。この添付義務の対象となる外国関係会社が添付対象外国関係会社で
す。

　添付対象外国関係会社に係る添付書類には，これら7つの書類の他に，
その他参考となるべき事項を記載した書類が含まれています（措規22の
11㊽柱書）。

　納税者としては，その他参考となるべき事項の範囲について，疑問が生
ずるところですが，法人税法は，確定申告書の記載に関し，別表に定める
ものの記載については，別表の書式によらなければならないと定めていま
すので（法法74③，法規34②），別表17(3)及び同付表1・2の記載事項
のうち，これら7つの書類以外の事項が，その他参考となるべき事項に該
当するものと考えられます。

　具体的には，付表2「添付対象外国関係会社に係る外国関係会社の区分
及び所得に対する租税の負担割合の計算に関する明細書」の記載事項は，
少なくも，その他参考となるべき事項に該当するものと考えられます。
付表2は，特定外国関係会社・対象外国関係会社・部分対象外国関係会社
の判定をチェックリスト方式で記載する様式を採用していますが，一連の
チェック結果は，その他参考となるべき事項に相当するものと考えられる

からです。

　なお，付表2には，所得に対する租税の負担割合の計算に関する記載欄が設けられていますので，添付対象外国関係会社以外の外国関係会社の租税負担割合について，その計算過程を開示する必要はないのかという疑問が生じます。しかし，この点については制度簡素化の観点から，省略されたものと考えられます。

　したがって，税務コンプライアンス上は，租税負担割合を別途計算したうえで，その率が20％（30％）未満の場合に限って，上記別表を含む資料を確定申告書に添付すべきものと考えられます。

02

12 ▶ 部分対象外国関係会社の特定所得に対する合算課税

（1）　課税の概要

　経済活動基準の全てに該当する外国関係会社は部分対象外国関係会社とされ（措法66の6②六），次の特定所得の金額が合算課税の対象とされます（措法66の6⑥）。ただし，外国金融子会社等（措法66の6②七）に該当する部分対象外国関係会社については，部分合算対象となる特定所得の種類及び金額は異なります（措法66の6⑥かっこ書，66の6⑧一～五）。

　一　持株割合25％未満の株式等に係る配当等の額から直接費用の額を控除した残額（措令39の17の3④～⑧）

　二　一定の受取利子等の額から直接費用の額を控除した残額（措令39の17の3⑨・⑩）

　三　有価証券の貸付けの対価の額の合計額から費用の額を控除した残額

　四　持株割合25％未満の株式・有価証券の譲渡対価の額から直接費用の額を減算した金額（措令39の17の3⑪～⑭）

　五　デリバティブ取引（法法61の5①）に係る利益の額又は損失の額の

うち一定のもの

六　一定の外国為替差損益（措令 39 の 17 の 3 ⑮）

七　一〜六までの利益の額又は損失の額以外の金融所得（措令 39 の 17 の 3 ⑯）

八　固定資産の貸付けによる対価の額から直接費用の合計額を控除した残額（措令 39 の 17 の 3 ⑲〜㉑）

九　無形資産等の使用料の額から直接経費を控除した残額（措令 39 の 17 の 3 ㉒・㉓，措通 66 の 6-29）

十　無形資産等の譲渡に係る対価の額から直接経費を控除した残額

十一　資産規模や人員等の経済実態に照らせば，通常生じ得ず，発生する根拠のない異常所得（措令 39 の 17 の 3 ㉛）

これらの他に，2019 年の税制改正において，一定の保険所得が特定所得に追加されています（措法 66 の 6 ⑥七の二）。

これらの特定所得の金額について，損益通算等の調整を加えた金額は，部分適用対象金額とされ（措法 66 の 6 ⑦），この部分適用対象金額に請求権等勘案合算割合（措令 39 の 17 の 3 ③，39 の 14 ②一）を乗じた金額が，部分課税対象金額として内国法人の益金の額に算入されます（措法 66 の 6 ⑥）。

（2）　合算課税の適用免除

対象外国関係会社に対する会社単位の合算課税の免除（措法 66 の 6 ⑤二）と同様に，部分対象外国関係会社の租税負担割合が 20％以上の事業年度については，部分合算課税は免除されます（措法 66 の 6 ⑩一）。

さらに，各事業年度における部分適用対象金額又は金融子会社等部分適用対象金額が 2 千万以下の場合（措法 66 の 7 ⑩二），各事業年度の決算に基づく所得の金額に占める部分適用課税対象金額が 5％以下の場合（措法 66 の 7 ⑩三）にも，部分合算課税は免除されます。

機能通貨と為替差損益

　企業は，営業活動を行う主たる経済環境において利用する通貨を決定し，その通貨で記帳を行います。このような記帳のベースとなる通貨が機能通貨です。為替差損益は，機能通貨以外の通貨建取引を機能通貨に換算する場合に生じます。多くの日本企業は，円を機能通貨と決定し，円以外の通貨建取引（いわゆる外貨建取引）を行う場合には，外貨建取引を発生時の為替レートで換算して機能通貨建て（円建て）の会計帳簿と財務諸表を作成しています。

　外国子会社合算税制においては，外国関係会社が，その置かれた経済環境に応じて決定した機能通貨建ての財務諸表の損益を合算対象とします。部分対象外国関係会社の損益のうち，為替差損益は，合算対象となる特定所得の金額に含まれますが（措法 66 の 6 ⑥六），その行う事業に係る業務の通常の過程で生ずる為替差損益は除かれています（措法 66 の 6 ⑥六かっこ書）。

　結局のところ，合算対象の特定所得とされる為替差損益には，投機的な取引を行う事業から生ずる為替差損益だけが含まれることになりますが（措令 39 の 17 の 3 ⑮），どのような事業が投機的な取引を行う事業なのかは，必ずしも明らかではないと思われます。

　なお，特定所得の金額の計算方法について，機能通貨は，「部分対象外国関係会社がその会計帳簿の作成にあたり使用する通貨表示の通貨をいう。」と定義されています（措規 22 の 11 ㊷一）。

03

13　課税対象金額等の円換算

　CFC 税制では，課税対象金額等の計算は，外貨によって行います。合算課税は，外国通貨による資産の販売等の外貨建取引ではありませんので外

貨建取引を行った時における売買相場による円換算の対象ではありませんが（法法61の8①），法人税関係法令には合算所得の円換算方法に関する定めは設けられていません。

　国税庁はこの点に関し，特定外国関係会社若しくは対象外国関係会社に係る課税対象金額（措法66の6①），部分対象外国関係会社に係る部分課税対象金額（措法66の6⑥），外国金融子会社等に係る金融子会社等部分課税対象金額（措法66の6⑧）に相当する金額を益金の額に算入する場合の円換算は，当該外国関係会社の事業年度終了の日の翌日から2月を経過する日における電信売買相場の仲値（法基通13の2-1-2）によるとの解釈を明らかにしています（措基通66の6-4）。

　ただし，継続適用を条件に，内国法人の同日を含む事業年度終了の日の電信売買相場の仲値によることもできるとしています（措通66の6-4ただし書）。この場合には，当該内国法人が2以上の外国関係会社を有するときは，その全ての外国関係会社につき，当該電信売買相場の仲値によるとしています（措通66の6の4㈲）。

14　CFC税制における外国税額控除制度

（1）　制度の概要

　適用対象金額は，基準所得金額に係る税額の調整を加えた税引後所得の性質を有しますので（法法66の6②四，措令39の15⑤二），外国関係会社に対する課税と，国内的な合算課税によって生ずる国際的な二重課税は，特に二重課税排除措置を設けなくても部分的に排除されていると考えることもできます。

　この二重課税の排除をさらに進めるために，CFC税制においても，外国税額控除制度が設けられています（措法66の7）。法人税法が定める外国税額控除制度（法法69）との違いは，法人税法上の外国税額控除が，内国法

人の所得に課される外国法人税の額を控除対象とするのに対し，CFC 税制の外国税額控除は外国関係会社の所得に課される外国法人税の額を控除対象とする点です。共通点は，両制度が控除対象とする外国法人税の範囲が，一部の例外はありますが，原則として同一である点です（法法 69 ①，法令 141，措法 66 の 7 ①，措令 39 の 18 ③かっこ書）。

なお，CFC 税制における外国税額控除制度は，外国関係会社の所得に対して課される外国法人税の額のうち控除対象となる外国法人税の額を抽出し，その金額を基礎として内国法人が納付したものとみなす外国法人税の額を計算する制度ですので，最終的には法人税法上の外国税額控除制度に吸収されます。

法人税法上の外国税額控除制度の適用を受けるかどうかは法人の任意ですが，CFC 税制の外国税額控除制度の適用を受けるかどうかも法人の任意です。

（2）　控除対象外国法人税の額とみなされる額

外国関係会社につきその適用対象金額（措法 66 の 6 ②四）を有する事業年度（課税対象年度）の所得に対して課される外国法人税の額に，当該課税対象年度に係る調整適用対象金額のうちに，内国法人の課税対象金額の占める割合を乗じて計算した金額です（措法 66 の 7 ①，措令 39 の 18 ③）。

調整適用対象金額は，適用対象金額（措法 66 の 6 ②四）の計算において控除した子会社配当（措令 39 の 15 ①四）と控除対象配当（措令 39 の 15 ③）の額を，適用対象金額に足し戻した金額です（措令 39 の 15 ③かっこ書）。

控除対象外国法人税の額とみなされる額は，外国関係会社の部分課税対象金額，金融子会社等部分課税対象金額についても同様に計算します（措令 39 の 15 ④・⑤）。

（3）　内国法人の控除事業年度

　外国関係会社の対象年度（課税対象年度（措令39の18③）・部分課税対象年度（措令39の18④）・金融子会社等部分課税対象年度（措令39の18⑤））の所得に対して課される外国法人税の額のうち，内国法人が納付したものとみなされる事業年度は次のとおりです（措令39の18⑧）。

　一　合算課税の適用を受ける内国法人の事業年度（適用事業年度）終了の日以前に，外国関係会社の対象年度の所得に対して課された外国法人税

　　　……合算課税の適用を受ける事業年度

　二　適用事業年度終了の日後に，外国関係会社の対象年度の所得に対して課された外国法人税

　　　……その課された日の属する事業年度

（4）　控除対象外国法人税の額の益金算入

　合算課税の適用を受ける内国法人について，控除対象外国法人税の額とみなされた金額は，当該内国法人の所得の金額上，益金の額に算入されます（措法66の7②）。

（5）　外国税額控除の適用を受けるかどうかの選択

　法人税法の取扱いでは，控除対象外国法人税の額の一部につき外国税額控除の適用を受ける場合には，控除対象外国法人税の額（法法41）の全部が損金の額に算入されないとされていますが（法基通16-3-1），この取扱いが設けられたのは，内国法人は事業年度ごとに外国法人税の全部について，外国税額控除の適用を受けるか，損金の額に算入するかを選択する必要があり，外国税額控除のつまみ食いはできないからです。

　一方，CFC税制における外国税額控除制度においては，外国関係会社につきその課税対象年度等の所得に対して二以上の外国法人税が課され，又

は二回以上の外国法人税が課された場合は，課税対象金額等に係るそれぞれの外国法人税につき，外国税額控除の適用を受けるかどうかを選択することができます（措令39の18⑨）。

15 企業集団等所得課税規定の取扱い

（1） 概要

CFC税制は，外国関係会社ごとに，合算対象所得，租税負担割合，外国税額控除等の計算を行いますが，外国関係会社について，現地の連結納税規定やパススルー課税規定（企業集団等所得課税規定）が適用される場合には，現地税法の所得金額は外国関係会社ごとに計算されませんので，そのための基準所得金額，租税負担割合等の調整規定が設けられています。

企業集団等所得課税規定には，次の三つの区分があります（措令39の15⑥）。

一　外国法人の属する企業集団の所得に対して法人所得税を課し，かつ，当該企業集団に属する一の外国法人のみが納税申告書を提出することとする本店所在地国の法令の規定（本店所在地国の連結納税規定）

二　法人の所得に対して課される税が存在しない地域に本店若しくは主たる事務所を有する外国法人の属する企業集団の所得に対して法人所得税を課することとし，かつ，当該企業集団に属する一の外国法人のみが納税申告書を提出することとする本店所在地国以外の国又は地域の法令の規定（第三国における連結納税規定）

三　外国法人の所得を当該外国法人の株主等である者の所得として取り扱うこととする当該外国法人の本店所在地国の法令の規定（パススルー課税規定）

(2) 基準所得金額の計算

本店所在地国法令基準による基準所得金額の計算を選択した場合には，企業集団等所得課税規定を適用しないで，単体納税制度の規定により計算し直した所得の金額が基準所得金額となります（原則法：措令39の15②かっこ書，措通66の6-21の2）。

ただし，簡便法として，企業集団等所得課税規定を除かない本店所在地国の法令の規定により計算された所得の金額の計算の基礎となる書類等に記載された金額を基礎とするなど，合理的に算出される所得の金額によることも認められています（措通66の6-21の4）。

また，適用対象金額の計算にあたって，基準所得金額の計算上，加算又は控除される法人所得税の額（措令39の15②八・十五）は，企業集団等所得課税規定の適用がないものとした場合に計算される租税の額とされています（措令39の15②八かっこ書・同十五かっこ書）。したがって，企業集団等所得課税の規定の適用がある場合の法人所得税の額は，上記の原則法又は簡便法により計算された所得の金額に対して，本店所在地国の単体納税制度の規定を当てはめて計算される外国法人税の額となります（措通66の6-21の5）。

適用対象金額の計算において控除される各事業年度において納付することとなる外国法人税の額についても，同様の規定が設けられています（措令39の15⑤二かっこ書）。

(3) 租税負担割合の計算

租税負担割合の計算における当該事業年度の所得の金額（分母）は，本店所在地国の外国法人税に関する法令の規定により計算した所得の金額を基礎とすることとされていますが，この法令の規定から，企業集団等所得課税規定が除かれています（措令39の17の2②一イかっこ書）。したがって，外国関係会社が企業集団等所得課税の適用を受けている場合には，上記

(2)の原則法又は簡便法により所得の金額を計算することになります。

　一方，分子の租税の額についても，企業集団等所得課税規定の適用がある場合には，その適用がないものとした場合に計算される租税の額とされています（措令39の17の2②二かっこ書）。したがって，この場合の租税の額は，上記(2)の原則法又は簡便法により計算された所得の金額対して，本店所在地国の単体納税制度の規定を当てはめて計算される外国法人税の額となります（措通66の6-21の5）。

（4）　控除対象外国法人税の額とみなされる額

　CFC税制における外国税額控除制度の対象となる外国法人税は，外国関係会社に企業集団等所得課税規定の適用がある場合には，その規定の適用がないものとした場合に計算される外国法人税とされ，課税対象金額等に対応するものとして計算した金額は，個別計算外国法人税額とされています（措法66の7①かっこ書，措令39の18①）。

　このため，企業集団等所得課税規定の適用がある場合においては，控除対象外国法人税の額とみなされる額は，上記(2)の原則法又は簡便法により計算された所得の金額に対して，本店所在地国の単体納税制度の規定を当てはめて計算される個別計算外国法人税額を基礎として計算します（措令39の18③）。

05 | 海外 PE 課税

1 概要

　内国法人の海外直接投資の形態の一つに支店等の設置があります。直接投資が子会社の設立によって行われる場合には，その子会社は設立国の内国法人となります。

　投資先国の内国法人に対する法人税又は所得税の現地における課税は，一般的には全世界所得に対して行われますが，香港のように国外所得が免税とされる場合もあります。

　一方，海外直接投資が支店等の設置により行われる場合には，支店等の所在地国に源泉のある所得（国内源泉所得）のみが法人税又は所得税の課税対象となります。

　子会社形態と支店形態の投資形態を比較した場合，次のような相違点が生じます。

　・課税所得の範囲が異なること
　・支店からの利益送金には設置国の源泉税が課されないこと
　・支店形態の場合には支店と本店の利益又は損失が通算された全世界所得が日本の法人税の課税対象となるが，子会社形態の場合には，CFC税制の適用を無視すれば，子会社の損益が親会社の所得と通算されることはないこと

2 恒久的施設の意義

（1）　恒久的施設と国際課税ルール

　海外直接投資が支店等の設置により行われ，その支店等が生み出す所得

に対して現地の法人税・所得税が課される場合，その支店等の存在形態は恒久的施設（Permanent Establishment：PE）と称されます。恒久的施設を創出しない進出形態であれば，法人税・所得税の課税は行われません。これが国際課税における「恒久的施設なければ事業所得課税なし」の基本ルールです。

（2）　恒久的施設の範囲

PE の範囲は，設立国の法令に規定されますが，日本が締結した全ての租税条約においても，PE の範囲が定義されており，その定義に基づき PE の範囲を確定させるのが国際ルールです。

OECD モデル租税条約は，恒久的施設を，事業を行う一定の場所であって企業がその事業の全部又は一部を行っている場所とする一般的な定義を与え，(a)事業の管理の場所，(b)支店，(c)事務所，(d)工場，(e)作業場，(f)鉱山，石油又は天然ガスの抗井，採石場その他天然資源を採取する場所を特に例示しています（OECD5 ①・②）。

また，建築工事現場，又は建設若しくは据付けの工事については，これらの工事現場又は工事が 12 箇月を超える期間存続する場合には恒久的施設を構成するものとされています（OECD5 ③）。

ただし，事業を行う一定の場所であっても準備的・補助的な一定の活動が行われる場所は恒久的施設に当たらないとされています（OECD5 ④）。例えば，いわゆる駐在員事務所は，企業が情報収集活動のためにのみ保有する場所なので，事業を行う一定の場所であっても，恒久的施設の範囲から除かれます（OECD5 ④ d)）。

さらに，企業に代わって行動する者が，その行動にあたって，反復して契約を締結し，又は重要な修正が行われることなく日常的に締結される契約の締結のために反復して主要な役割を果たす場合には，当該企業は恒久的施設（契約締結代理人）を有するものとされます（OECD5 ⑤）。

（3） 租税条約の優先

　法人税法にも PE の範囲を列挙する形式の PE 定義規定が置かれていますが，その中に「我が国が締結した所得に対する租税に関する二重課税の回避又は脱税の防止のための条約において，次に掲げるものと異なる定めがあるものの場合には，その条約の適用を受ける外国法人については，その条約において恒久的施設と定められたもの（国内にあるものに限る）」の文言が 2018 年改正で加えられています（法法 2 十二の十九）。

　日本が締結した二国間条約において PE を定義する規定の多くは，OECD モデル条約の PE 定義規定に準拠していますが，2017 年改正後OECD モデル条約第 5 条（恒久的施設）の規定に準拠しているわけではなく，多くは改正前の規定に準拠するものです。したがって，二国間条約の PE に関する規定が改正されなければ，日本の法人税法が PE の定義を OECD モデル条約に準拠したものに改正したとしても国内法の改正は空振りとなります。

　しかし日本は，2018 年の PE の定義規定の改正に先立つ 2017 年に，既存の二国間条約を修正するための多国間条約である BEPS 防止措置実施条約（税源浸食及び利益移転を防止するための租税条約関連措置を実施するための多数国間条約：Multilateral Convention to Implement Tax Treaty Related Measures to Prevent BEPS）に署名しました。本条約には，BEPS プロジェクトの最終報告書が勧告する行動計画 7（恒久的施設認定の人為的回避の防止）の BEPS 防止措置が含まれています。

　本条約の締約国は，本条約の BEPS 防止措置の規定のいずれを既存の租税条約に適用するかを選択することができ，選択された本条約の規定は，既存の二国間条約の同様の規定に代わって，又は，既存の条約の規定に加えて適用されます。

　本条約のうち，日本が適用することを選択している規定のうち恒久的施設に関連するものには次の規定があります。

・第12条　コミッショネア契約を通じた恒久的施設の地位の人為的な回避に関する規定

・第13条　特定活動の除外を利用した恒久的施設の地位の人為的な回避に関する規定

　この第12条の第1項の次の(a)(b)(c)は，契約締結代理人が権限を有する契約の範囲を明確にするものです。

(a)　当該企業の名において締結される契約

(b)　当該企業が所有し，又は使用する権利を有する財産について，所有権を移転し，又は，使用の権利を付与するための契約

(c)　当該企業による役務の提供のための契約

　この3種類の契約は，2017年改正後のOECDモデル租税条約第5条第5項，及び2018年改正の法人税法のPE定義規定（法法2十二の十九ハ，法令4の4⑦)，にも規定されていますので，二国間条約を個別に改正しなくても，国内法はもとより，条約相手国においても，新たなPE概念に基づく課税が行われるものと考えられます。

　第13条の規定内容も，OECDモデル条約第5条第4.1項，及び，法人税法（法令4の4⑤）に取込まれています。

　これらのBEPS防止措置実施条約の規定が，二国間条約の恒久的施設に関する規定をどのように修正（上書き）するかは，財務省が公表している統合条文を参照するのが実務的です。

　日本が締結している租税条約には，OECDモデル租税条約を，ひな型とするものだけでなく，国連モデル条約（United Nations Model Double Taxation Convention between Developed and Developing Countries）をひな型とするものもあります。国連モデル条約は，その名称のとおり先進国（Developed Countries）と発展途上国（Developing Countries）間で締結される租税条約のモデルであり，OECDモデル条約との比較においては，発展途上国（資本輸入国）の課

税権を広く認めるものとなっています。

　恒久的施設の範囲についても，国連モデル条約は，第5条第3項(b)において，「企業が使用人その他の職員を通じて行う役務の提供（コンサルタントの役務の提供を含む。）であって，このような活動が単一の事業又は関連する事業についてその課税年度において開始し，又は終了するいずれの12箇月の間に合計183日を超える期間一方の締約国内において行われるもの」を恒久的施設に含めています。日本が締結した租税条約にもこのような規定を有する二国間条約があります（対インドネシア，タイ，中国，フィリピン，ヴィエトナム条約等）。

3　恒久的施設に帰属する事業所得

　OECDモデル租税条約の事業所得条項には，「恒久的施設なければ事業所得課税なし」のルール（OECD7①前段）と，恒久的施設所在地国に課税権を認める事業所得を恒久的施設に帰せられる利得（PE帰属所得）とする二つのルールが定められています（OECD7①後段：帰属主義）。なお，PE帰属所得以外の企業の利得（利子・配当・使用料等）は，他の条項が源泉地国に課税権を認めている限りにおいて，源泉地国の課税が容認されます（OECD7④）。

　PE帰属所得の決定に際しては，恒久的施設が本店と別個の法人格を有する分離した企業であり，さらに，同一法人の他の構成要素（本店・他の恒久的施設）からも独立した企業であるとする二つの擬制が行われます（OECD7②）。これらの擬制の結果として，恒久的施設が行う活動が，外部取引か内部取引かに関係なく，移転価格税制の適用によって，PE帰属所得が決定されます。

4 恒久的施設を有する外国法人に対する国内外の課税関係

(1) 国外における PE 課税実務

租税条約には，PE の範囲と PE 所在地国の課税権，及び，PE 帰属所得の概念等が定められていますが，課税方法等に関する定めは設けられていませんので，課税庁が行う PE 認定のプロセス，税務調査の手法，PE 帰属所得の具体的な算定方法，課税処分等の方法は，現地の国内税法が基礎となるものと考えられます。したがって，PE 課税の実務に関しては，PE が所在する国の税務に精通する専門家に照会する必要があります。

(2) PE 課税が法人税の課税に及ぼす影響

内国法人には，各事業年度の所得（全世界所得）について，各事業年度の法人税が課されますので（法法5），PE 帰属所得について国外での課税が行われた場合には，国際的な二重課税が生じます。

この二重課税は，外国税額控除制度の適用を受けることによって排除することが予定されていますが（法法69①），課された外国法人税の全てが控除対象とされるわけではなく，租税条約の規定により，条約相手国において課することができることとされる額を超える部分に相当する金額若しくは免除することとされる額に相当する金額は，控除対象外国法人税の額から除かれます（法法69①かっこ書，法令142の2⑧五）。

租税条約は，PE 帰属所得に対して PE 所在地国の課税権を認めていますが，PE がなければ課税権は認められず，PE があったとしても，PE 帰属所得を超える課税も認められません。

したがって，現地における課税が租税条約の規定に反している場合には，課された外国法人税の額が控除対象外国法人税の額から除かれる可能性がありますが，限度税率を含む PE 課税の具体的な方法が租税条約に定めら

れていない以上，現地国が行った PE 課税上の事実認定等に一定の根拠が認められれば，課された外国法人税の額が，控除対象外国法人税の額から除かれることはないと考えられます。

(3) PE 課税が事業税の課税に及ぼす影響

法人事業税は，法人の行う事業に対し，事務所又は事業所所在地の道府県において課される税であり（地法 72 の 2 ①），応益原則に基づく税の性格を有していますので，その課税対象となる事業は国内で行われる事業に限られます。

したがって内国法人で，外国にその事業が行われる事務所又は事業所等に相当する恒久的施設（地法 72 五）を有する特定内国法人（地法 72 の 19，地令 20 の 2 の 19）の，付加価値割，資本割，所得割の各課税標準は，外国の事業に相当する額を控除して得た額とされます（地方 72 の 19，72 の 22，72 の 24）。

控除される外国の事業に相当する付加価値額，資本金等の額，所得は，それぞれ次のように計算します。

イ　付加価値額

原則として区分計算により行います（地法 72 の 19 前段）。ただし，区分計算が困難な場合には，付加価値額の総額に国外従事者割合を乗ずる簡便計算が認められます（地法 72 の 19 後段，地令 20 の 2 の 20）。

ロ　資本金等の額

資本金等の額に，付加価値額の総額に占める国外の事業に帰属する付加価値額の割合を乗じて計算します（地法 72 の 22，地令 20 の 2 の 24 ①）。ただし，一定の場合には資本金等の額に，国外従事者割合を乗じて計算します（地令 20 の 2 の 24 ②）。

ハ　所得

　原則として区分計算により行います（地法72の24前段）。ただし、区分計算が困難な場合には、所得の総額に国外従事者割合を乗ずる簡便計算が認められます（地法72の24後段、地令21の9）。

（4）　消費税の課税関係

　消費税の基本的な課税対象は、国内において事業者が行った資産の譲渡等ですので（消法4①）、事業者としての内国法人が、国外の恒久的施設を介して資産の譲渡等（消法2①八）を行う場合には、その内外判定が問題となります。

　内国法人が、国内にある資産を国外PE向けに輸出し、PEがその資産を法人外部に譲渡する場合には、その譲渡が行われる時における当該資産の所在場所は国外ですので、当該資産の譲渡は消費税の課税対象外です（消法4③一）。

　消費税は、輸出を内国貨物を外国に向けて送り出すこと（関税法2①二）としていますので（消基通7-2-1(1)）、法人内部における単なる資産の移送であっても、その移送が国外PE等に対して行われれば輸出（みなし輸出）に該当します。

　このみなし輸出については、仕入に係る消費税額の控除の特例措置により、事業者が、国内以外の地域における資産の譲渡等又は自己使用のため、資産を輸出した場合において、輸出の証明がされたときは、課税資産の譲渡等に係る輸出取引等に該当するものとして、仕入に係る消費税額の控除の規定（消法30）が適用されます（消法31②）。

　具体的には、みなし輸出の金額を、課税売上割合（消法30②・⑥）の分母・分子に含めることが特例の内容です（消法31②、消令51③）。分母・分子に含める金額は、資産が対価を得て輸出されるものとした場合における

当該資産の本邦輸出港における本船甲板渡し価額（FOB 価額：関税令 59 の 2 ②）です（消令 51 ④）。この FOB 価額は，輸出許可通知書に仕入価格書（インボイス価格）と併記されます。

06 | 外国企業の国内直接投資

1 直接投資の形態

　外国企業の国内直接投資の形態には，日本子会社の設立，M&A による既存企業の買収等の他に，日本支店を設置する形態があります。これらの形態が，日本の会社法や税法においてどのように位置づけられているかを確認することにより，税務上の取扱いの理解が深まるものと考えられます。

2 会社法が規制対象とする会社

　会社法において，会社とは，株式会社，合名会社，合資会社又は合同会社をいい（会法2一），会社には法人格が付与されています（会法3）。会社法には，内国法人・外国法人の区分（法法2三・四参照）はありませんが，外国会社の定義規定が設けられており，外国会社は，外国の法令に準拠して設立された法人その他の外国の団体であって，会社と同種のもの又は会社に類似するものをいいます（会法2二）。

　民法は，外国法人の法人格について，外国会社（会法2二，817〜823）の成立を認許し（民35①），日本において成立する同種の法人と同一の私権を享有するとしています（民35②）。

　ただし，会社法は，日本に本店（実質上の本店）を置き，又は日本において事業を行うことを主たる目的とする外国会社（疑似外国会社）は，日本において取引を継続してするこができないと定め，これに反して取引をした者は，相手方に対して外国会社と連帯して，当該取引によって生じた債務を弁済する責任を負うとしています（会法821①・②）。

3 日本で継続取引を行う外国会社の登記制度

　外国会社は，日本において取引を継続してしようとするときは，日本における代表者を定めなければならず，そのうち一人以上は，日本に住所を有するものである必要があります（会法817①）。外国会社は，外国会社の登記をするまでは，日本において取引を継続してすることができません（会法818①）。外国会社の日本における代表者は，法人税法上の役員には該当しませんが，経営に従事している場合には，法人税法上の役員（みなし役員）とされる場合があります（法法2十五，法令7）。

　外国会社の登記は，日本に営業所を設けている場合にはその所在地，営業所を設けていない場合には，日本における代表者の住所地において行います（会法933①）。外国会社は日本に営業所を設ける必要はありませんが，営業所を設けた場合には登記を要します（会法936）。

　営業所とは，会社の営業活動の拠点となる場所であり，商法において債務の履行場所とされています（商法516）。複数の営業所のうち全営業を統括する営業所が本店，その他の営業所が支店ですので，外国会社が設けた営業所は支店とみなされます（会法933③，911③三，912三，913三，914三）。外国会社の営業所（支店）が，法人税法が定める支店等の恒久的施設に該当するかどうかは，その活動内容によって判断します（法法2十二の十九イ，法令4の4①一・④）。

　登記事項には，外国会社の設立の準拠法（会法933②一）や日本における代表者の氏名及び住所のほかに，日本における同種又は類似する会社の登記事項等が含まれます（会法933②柱書）。米国のリミテッドパートナーシップが合資会社に類似する外国会社として登記されている事例があるようです。

日本支店の設置による直接投資

（1） 機関設計

　日本において継続取引を行う場合には，日本における代表者を定める必要はありますが，一人以上が居住者であること以外の資格制限はありませんので，本店所在地国の会社関係諸法令による機関設計が行われます。

（2） 法人税の課税関係の概要

イ　事業年度

　国内源泉所得について，各事業年度の所得に対する法人税が課される事業年度とは，外国法人の定款等で定める会計期間を意味します（法法13①）。ただし，会計期間が1年を超える場合には，当該期間をその開始の日以後1年ごとに区分した各期間が事業年度とされます（法法13①ただし書）

ロ　納税地

　恒久的施設を有する内国法人の納税地は，その外国法人が恒久的施設を通じて行う事業に係る事務所，事業所その他のこれらに準ずるものの所在地です（法法17①一）。

ハ　税務手続

　恒久的施設を有しない外国普通法人である外国法人が恒久的施設を有することになった場合には，その恒久的施設を有することとなった日以後2月以内に，所定の事項を記載した届出書（外国普通法人となった旨の届出書）に，定款に相当する書類とその和訳文を添付して，納税地の所轄税務署長に提出する必要があります（法法149①，法規64）。

二　課税標準

　国内源泉所得のうち，恒久的施設帰属所得（法法138①一）に対して，恒久的施設帰属所得に係る所得を課税標準として，各事業年度の法人税が課されます（法法8，141一イ）。

　恒久的施設帰属所得に係る所得の金額は，外国法人の恒久的施設を通じて行う事業に係る益金の額から損金の額を控除した金額です（法法142②）。

　益金の額又は損金の額に算入すべき金額は，別段の定めがあるものを除き，内国法人の法人税の計算規定の多くが準用されています（法法142②・④，法令184）。

　法人税法第22条の準用にあたっては，販売費及び一般管理費その他の費用のうち，内部取引（法法138①一）に係るものについては債務の確定しないものを含みます（法法22③二，142③一，法基通20-5-8）。

　さらに，恒久的施設を通じて行う事業とそれ以外の事業に共通する費用のうち，恒久的施設を通じて行う事業に係るものとして合理的と認められる基準を用いて配分した金額（本店配賦経費）も販売費及び一般管理費その他の費用に含むとされています（法法22③二，142③二・④，法令184②，法基通20-5-9〜20-5-11）。本店配賦経費について，その配分の基礎となる書類その他の書類（法規60の10）の保存がないときは，その書類の保存がなかった本店配賦経費については損金の額に算入されません（法法142の7①）。

(3)　住民税・事業税の課税関係

　法人住民税（道府県民税・市町村民税）は，その地方団体に事務所又は事業所を有する法人に対して，均等割と法人税割が課されます（地法23①一・三，24①三，292①一・三，294①三，52①，312①）。東京都は，法人の道府県民税に相当する税を課するほか，特別区内に事務所等を有する法人に

市町村民税に相当する税も課すこととされています（地法734）。これらが都民税です（地法734②二）。外国法人については，恒久的施設をもって事務所又は事業所とされます（地法23①十八，24③，292①十四，294⑤）。

　均等割の標準税率は，道府県民税の額については資本金等の額（地法23①四の二）に応じて年額2万円〜80万円，市町村民税の額については資本金等の額（地法292①四の二）と従事者数に応じて年額5万円〜300万円の税率がそれぞれ定められています（地法52，312）。恒久的施設には資本金等の概念はありませんので，外国法人の資本金等とは本店の資本金等を意味します。

　外国法人の法人税割は，国内源泉所得に対して課される法人税額（法法141一イ・ロ）を課税標準として課されます（地法23①三ロ，292①三ロ）。標準税率は，道府県民税については1%（地法51），市町村民税については6%です（地法314の4）。

　事業税は，法人の行う事業に対し，事務所又は事業所所在の都道府県において，その事業を行う法人を納税義務者として課されます（地法72の2）。納税義務者に，外国法人・内国法人の区分はありませんが，外国法人については，恒久的施設（地法72六）をもって事務所又は事業所とされます（地法72の2⑥）。

　事業税の納税義務者とされた法人のうち資本金の額が1億円以下のものには所得割額が，1億円超の法人には付加価値割額，資本割額，所得割額の合算額の事業税が，それぞれ課されます（地法72の2①一）。

　付加価値割の課税標準のうち，外国法人の単年度損益は，法人税法上の恒久的施設帰属所得に係る所得の金額又は欠損金額（法法138①一，141一イ）及びその他の国内源泉所得に係る所得の金額又は欠損金額（法法138①二〜六，141一ロ）の合算額です（地法72の18①二）。この場合の欠損金額は，損金の額が益金の額を超える場合におけるその超える部分の金額を意味します（地方72の18①一ニかっこ書，法法2十九）。

一方，所得割の課税標準は，法人税法上の恒久的施設帰属所得に係る所得の金額（法法 138 ①一，141 一イ）及びその他の国内源泉所得に係る所得の金額（法法 138 ①二～六，141 一ロ）の合算額です（地法 72 の 23 ①二）。

　外国法人の資本割の課税標準は，外国法人の資本金等の額（地法 72 の 21 ①）から，当該資本金等の額に国外従事者割合を乗じた額を控除して計算します（地法 72 の 22 ②，地令 20 の 2 の 25）。住民税の均等割が，外国法人の資本金等の額そのものを基準として税率が定められていることとは対照的な取扱いとなっています。

（4）　消費税の課税関係

　消費税の課税対象は，国内において事業者が行った資産の譲渡等です（消法 4 ①）。法人は事業者とされ，内国法人・外国法人の区分はありません。消費税法は，国内取引のうち非居住者（消令 1 ②二，外為法 6 ①六）に対する一定の資産の譲渡等を免税とし（消法 7 ①五，消令 17 ②六・七），この場合の非居住者には，個人だけでなく法人が含まれますが（外為法 6 ①六），本邦内の支店，出張所その他の事務所は，その主たる事務所が外国にある場合にも居住者とみなされますので（外為法 6 ①五），外国法人の日本支店は，消費税法上の非居住者には該当しません。

（5）　日本支店の資金調達

　日本支店が事業資金を調達する方法には，本店又は他の支店の余裕資金を，本支店勘定を経由して交付を受ける方法と，日本支店が独自に外部から借入を行う方法があります。

　前者の場合，日本支店と海外の本・支店間の内部利子は源泉所得税の課税対象ではありませんが，移転価格税制（措法 66 の 4 の 3）の適用と，恒久的施設に帰属する資本に対応する負債利子の損金算入制限があります（法法 142，142 の 4）。

借入金による資金調達には，利子の受領者に法人税が課される利子（措法66の5の2②三イ）を除き，過大支払利子税制による利子（対象純支払利子等の額）の損金算入制限があります（措法66の5の2）。対象純支払利子等の額には，本支店間の内部利子（法法138①一）が含まれます（措法66の5の3⑧一イ）。過大支払利子税制は，対象純支払利子等の額が，EBITDA（Earnings Before Interest, Tax, Depreciation, and Amortization）の性質を有する調整所得金額の20%を超過する場合に，その超過利子額を損金不算入とするものですが，後続する事業年度において，過去7年間の超過利子額の損金算入が，一定の範囲で認められます（措法66の5の3）。

　もしも，過大支払利子税制による損金不算入額（措法66の5の2①）が，恒久的施設に帰属する資本に対応する負債利子の損金不算入額（法法142の4①）以下となる場合には過大支払利子税制の適用はなく（措法66の5の2⑨），その反対に，恒久的施設に帰属する資本に対応する負債利子の損金不算入額（法法142の4①）を超える場合には，恒久的施設に帰属する資本に対応する負債利子の損金算入制限規定の適用はありません（措法66の5の2⑩）。

　なお，日本支店が本店等から受ける資金の供与又は日本支店から本店への利益送金は資本等取引とされていますので（法法142③三，22⑤），益金又は損金が生ずることはありません（法法22②・③）。

<table>
<tr><td>5</td><td>子会社形態による直接投資</td></tr>
</table>

（1）　機関設計

　一般的な子会社形態は，株式会社と合同会社です。株式会社と合同会社の出資はいずれも有限責任です。株式会社には一定の機関（取締役・取締役会等）の設置が強制されますが，合同会社の業務は出資者たる社員が執行しますので機関の設置は不要です（会法590①）。ただし，合同会社の社員

が法人の場合には，職務を執行する職務執行者を選任しなければなりません（会法598①）。

（2）　子会社の資金調達

出資による方法と，借入金による方法があります。株式会社の資本金の額は，株主となる者が当該株式会社に対して払込み又は給付をした財産の額ですが（会法445①），その2分の1を超えない金額を，資本金として計上しないことができます（会法445②）。

一方，合同会社の資本金の増加額は，払込み又は給付された財産の額の範囲内で当該合同会社が資本金の額に計上するものと定めた額です（会計規30①）。

租税特別措置を含む法人税法の規定には，資本金の額を基準として，法の適用範囲を定めるものがありますので，資本金の増加額を任意に決められる合同会社であれば，資本金を基準とした中小法人向け優遇税制の適用を受けられる選択肢が増えます。

ただし，法人税法のグループ法人税制によって，資本金の額が5億円以上の大法人（法法66⑤ニイ）との間に完全支配関係のある普通法人については，中小企業向け特例措置の適用を制限しています（法法52, 66, 67, 措法61の4, 66の12）。したがって，資本金基準の設けられている規定であっても，資本金の額のみによって法の適用を判断することはできません。

なお，確定申告書の添付書類の一つである事業概況書には，内国法人との間に完全支配関係がある法人との関係を系統的に示した図が含められていますので（法法74③，法規35①五），国税庁は，外資系内国法人について，究極の外国親会社の情報を入手することができます。

借入金の利子については，過大支払利子税制（措法66の5の2）と過少資本税制（措法66の5）の適用があります。過少資本税制は，国外支配株主等に対する負債に係る平均負債残高が自己資本の額の3倍を超える場合にお

いて，国外支配株主等に支払う負債の利子等に適用されます（措法66の5①）。ただし，総負債に係る平均負債残高が自己資本の額の3倍以下となる場合には適用されません（措法66の5①ただし書）。

　なお，過大支払利子税制の損金不算入額（措法66の5の2①）が，過少資本税制の損金不算入額（措法66の5①）以下となる場合には，過大支払利子税制の損金不算入額は0とされます（措法66の5の2⑥）。

　さらに，国外関連者に支払う利子については，移転価格税制（措法66の4）の適用がありますので，利子は独立企業間価格で支払われたものとみなされます。

07 過少資本税制

1 概要

　外国企業の国内直接投資が，子会社の設立，M&A による既存企業の買収等によって行われる場合，子会社等の運転資金又は投資資金は，増資又は借入金で調達します。借入金利子は原則として損金に算入されますが（法法 22 ③二），無制限に損金に算入されるわけではありません。過少資本税制は，内国法人が各事業年度において国外支配株主等又は資金供与者等に負債の利子等を支払う場合に，その負債が国外支配株主等の資本持分の 3 倍を超える場合を損金不算入とするものです（措法 66 の 5 ①）。

　内国法人の負債利子の損金算入を制限する税制には，過大支払利子税制があります（措法 66 の 5 の 2）。過大支払利子税制は，外国法人の恒久的施設帰属所得の計算においても適用されます（措法 66 の 5 の 2 ⑧）。

2 適用要件と用語の意義

（1）　適用要件

　国外支配株主等及び資金供与者等に対する負債に係る平均負債残高が，国外支配株主等の資本持分の 3 倍に相当する金額を超える場合に適用されます（措法 66 の 5 ①）。

　ただし，総負債に係る平均負債残高が自己資本の額の 3 倍に相当する金額以下となる場合には，本税制の適用はありません。

（2）　用語の意義

イ　国外支配株主等（措法 66 の 5 ⑤一）

　非居住者又は外国法人（非居住者等）で，内国法人との間に，当該内国法人の発行済株式の総数又は総額の 50％以上を直接又は間接に保有する関係その他の特殊の関係（措令 39 の 13 ⑫）のあるものをいいます。特殊の関係には，出資関係の他にも，次の(a)(b)(c)の関係が含まれます。

　(a)　当該内国法人がその事業活動の相当部分を当該非居住者等との取引に依存して行っていること。

　(b)　当該内国法人がその事業活動に必要とされる資金の相当部分を当該非居住者等からの借入れにより，又は当該非居住者等の保証を受けて調達していること。

　(c)　当該内国法人の役員の 2 分の 1 以上又は代表する権限を有する役員が，当該外国法人の役員若しくは使用人を兼務している者又は役員若しくは使用人であった者であること。

ロ　資金供与者等（措法 66 の 5 ⑤二）

　国外支配株主等が第三者を通じて資金を供与したと認められる場合における当該第三者（措令 39 の 13 ⑭一），国外支配株主等が第三者に対して債務の保証をすることにより，当該第三者が内国法人に資金を供与したと認められる場合の当該第三者（措令 39 の 13 ⑭二）等をいいます。

ハ　負債の利子等（措法 66 の 5 ⑤三）

　経済的な性質が負債の利子（措令 39 の 13 ⑮）であるものだけでなく，国外支配株主等に支払う債務の保証料（措令 39 の 13 ⑯一）等の費用が含まれますが，これらの支払を受ける者の課税対象所得（措法 66 の 5 ⑤九）に含まれるものは除かれます。

ニ　国外支配株主等及び資金供与者等に対する負債（措法 66 の 5 ⑤四）

　国外支配株主等に対する負債は，負債の利子等の支払の基因となるものその他資金の調達に係るものに限られます（措通 66 の 5-10）。資金供与者等に対する負債は，国外支配株主等が第三者を通じて資金を供与したと認められる資金に係る負債（措令 39 の 13 ⑭一），国外支配株主等が第三者に対して債務の保証をした資金に係る負債（措令 39 の 13 ⑭二）等をいいます（措令 39 の 13 ⑱）。

ホ　平均負債残高（措法 66 の 5 ⑤五）

　当該事業年度の負債の帳簿価額の平均的な残高として合理的な方法により計算した残額をいいます（措令 39 の 13 ⑲・㉔）。例えば，負債の帳簿価額の日々の平均残高又は各月末の平均残高等，その事業年度を通じた負債の帳簿価額の平均的な残高をいうものとされています（措通 66 の 5-13）。

ヘ　国外支配株主等の資本持分（措法 66 の 5 ⑤六）

　当該内国法人の自己資本の額に，国外支配株主等の有する直接及び間接保有割合を乗じて計算した金額をいいます（措令 39 の 13 ⑳）。間接保有割合は，国外支配株主等と連鎖的な支配関係のある各法人の持株割合を順次乗じて計算します（措令 39 の 13 ㉑）。

ト　自己資本の額（措法 66 の 5 ⑤七）

　次の(a)から(b)の金額を控除した残額をいいますが，その額が資本金等の額（法法 2 十六）に満たない場合には，当該資本金等の額が自己資本の額とされます（措令 39 の 13 ㉓・㉔，措通 66 の 5-17）。

　(a)　当該内国法人の総資産の帳簿価額の平均的な残高として合理的な方法により計算した金額

(b)　当該内国法人の総負債の帳簿価額の平均的な残高として合理的な方法により計算した金額

チ　課税対象所得（措法 66 の 5 ⑤九）

居住者にあっては各年分の各種所得（所法 2 ①二十一），内国法人にあっては各事業年度の所得，非居住者又は外国法人にあっては総合課税（所法 164 ①一イ）の対象所得又は恒久的施設帰属所得（法法 141 一イ）をいいます（措令 39 の 13 ㉙）。

3　損金不算入額の計算

損金不算入額は，次の(a)(b)(c)の金額に応じて，次のイ・ロの計算式が定められています（措法 66 の 5 ①，措令 39 の 13 ①一・二）。

(a)　国外支配株主等及び資金供与者等に対する負債（措法 66 の 5 ⑤四）に係る平均負債残高

(b)　国外支配株主等が第三者に対して当該内国法人の債務の保証をすることにより，当該第三者が資金を供与したと認められる場合において（措令 39 の 13 ⑭二），その負債の利子が当該利子の支払を受けるものの課税所得（措法 66 の 5 ⑤九）に含まれるものに係る平均負債残高

　　　典型的には，内国法人が，国外支配株主等から債務保証を受けて国内の金融機関から借入を行った場合の平均負債残高です（国内の資金供与者に対する負債に係る平均負債残高）。

(c)　国外支配株主等の資本持分（措法 66 の 5 ⑤六）に 3 を乗じて計算した金額

イ　(a)から(b)を控除した残額が(c)の金額以下の場合

$$損金不算入額 = \frac{\left(\begin{array}{l}保証料の額：負債の利子が\\利子の支払を受ける者の課\\税所得に含まれるときに支\\払うものに限る\end{array}\right) \times \left(\begin{array}{l}平均負債残高超過額\\(a)-(c)\end{array}\right)}{国内の資金供与者に対する負債に係る平均負債残高(b)}$$

ロ　(a)から(b)を控除した残額が(c)の金額を超える場合

損金不算入額＝A＋B

$$A = \frac{\left(\begin{array}{l}国外支配株主等\\又は資金供与者\\等に支払う負債\\の利子等\end{array} - \begin{array}{l}課税対象\\所得に係\\る保証料\\の金額B\end{array}\right) \times \left(\begin{array}{l}平均負\\債残高\\超過額\\(a)-(c)\end{array} - \begin{array}{l}国内の資金供\\与者に対する\\負債に係る平\\均負債残高(b)\end{array}\right)}{\left(\begin{array}{l}国外支配株主等及び資金\\供与者等に対する負債に\\係る平均負債残高(a)\end{array}\right) - \left(\begin{array}{l}国内の資金供与者\\に対する負債に係\\る平均負債残高(b)\end{array}\right)}$$

B＝課税対象所得に係る保証料の金額

08 | 過大支払利子税制

1 | 概要

　内国法人が，国外支配株主から調達した資金に係る負債利子の損金算入（法法22③二）を制限するルールには，負債資本比率に着目した過少資本税制があります（措法66の5）。過大支払利子税制は，外国法人を含む全ての法人を対象とする利子の損金算入制限ルールです（措法66の5の2）。ただし，利子の受領者において日本の課税所得に含まれる利子は制度の対象外ですので（措法66の5の2②三イ），国内の金融機関からの借入金に係る利子が損金不算入とされることはありません。

　過大支払利子税制が，外国法人に適用される場合には，外国法人の恒久的施設帰属所得（法法138①一）に係る所得の計算において（法法141一イ），損金算入の対象となる負債利子（法法142②・④，法令184）の損金算入が制限されます。

　外国法人には過少資本税制の適用はありませんが（措法66の5①），外国法人の恒久的施設に係る自己資本の額が，当該恒久的施設に帰せられるべき資本の額に満たない場合における負債利子の損金算入制限ルールが，特に設けられています（法法142の4）。

　なお，内国法人が外国関係会社に支払う利子等が，本制度により損金不算入となると同時に，外国子会社合算税制において，合算課税の対象となる課税対象金額等に含まれる場合が考えられます（措法66の6）。この場合には合算税制との二重課税を排除するための措置が講じられています（措法66の5の2⑦）。

イ 対象支払利子等の額（措法 66 の 5 の 2 ②一）

　支払利子等の額のうち対象外支払利子等の額以外の金額をいいます。

ロ 支払利子等（措法 66 の 5 の 2 ②二）

　法人が支払う負債の利子だけでなく，関連者（措法 66 の 5 の 2 ②四）が非関連者（措法 66 の 5 の 2 ②五）に対して債務の保証をすることにより当該非関連者が資金を供与したと認められる場合において関連者に支払う債務の保証料等の費用又は損失が含まれます（措令 39 の 13 の 2 ②・③）。

ハ 対象外支払利子等の額（措法 66 の 5 の 2 ②三）

　支払利子等を受ける者の課税対象所得に含まれる支払利子等（措法 66 の 5 の 2 ②三イ）の額をいいます。法人に係る関連者が非関連者を通じて資金を供与したと認められる場合における支払利子等は除かれます（措法 66 の 5 の 2 ②三かっこ書）。

　この課税対象所得とは，居住者の各種所得（所法 2 ①二十一），非居住者の総合課税の対象所得（所法 164 ①），内国法人の各事業年度の所得，外国法人に対して法人税が課される国内源泉所得（法法 138, 141）をいいます（措令 39 の 13 の 2 ⑥）。

ニ 関連者（措法 66 の 5 の 2 ②四）

　法人との間にいずれか一方の法人が他方の法人の発行済株式等の 50％以上を直接・間接に保有する関係その他の特殊な関係（措令 39 の 13 の 2 ⑰・⑱），又は，個人が法人の発行済株式等の 50％以上を直接・間接に保有する関係その他の特殊な関係（措令 39 の 13 の 2 ⑲・⑳・㉑）のあるものをい

ます。

　なお，関連者に該当するかどうかは，各事業年度終了の時の現況により判断します（措令39の13の2㉒）。

ホ　非関連者（措法66の5の2②五）

　法人に係る関連者以外の者をいいます。

ヘ　控除対象受取利子等合計額（措法66の5の2②六）

　当該事業年度の受取利子等の合計額を，対象支払利子等合計額の支払利子等の額の合計額に対する割合で按分した金額です（措令39の13の2㉓）。

ト　受取利子等（措法66の5の2②七）

　法人が支払を受ける利子で，経済的な性質が利子に準ずるものを含みます（措令39の13の2㉕）。

3　損金不算入額の計算

　法人の対象支払利子等の額の合計額から，控除対象受取利子等合計額を控除した残額（対象純支払利子等の額）が，調整所得金額の20％に相当する金額を超える場合には，対象支払利子等合計額のうち，その超える部分の金額に相当する金額は損金の額に算入されません（措法66の5の2①）。

　この調整所得金額とは，対象純支払利子等の額と比較するための基準とされる金額で，EBITDA（Earnings Before Interest, Tax, Depreciation, and Amortization：営業利益に減価償却費を足し戻した利益額）の性質を有しますが，詳細な計算方法は政令に定められています（措法66の5の2①かっこ書，措令39の13の2①）。

　具体的には，当該事業年度の所得の金額に，次の加減算を行った金額

（零を下回る場合には，零）です。当該事業年度の所得の金額は，政令に定められた所定の規定を適用せず，かつ，寄附金の額の全額を損金の額に算入して計算した場合の所得の金額とされています。

イ　加算項目

- ・対象純支払利子等の額（措令 66 の 5 の 2 ①）
- ・損金計上した減価償却資産に係る償却費の額
- ・損金計上貸倒損失の額
- ・匿名組合員に分配すべき利益で損金に算入される金額

ロ　減算項目

- ・本税制と外国子会社合算税制との調整規定の対象となる課税対象金額，部分課税対象金額等の益金算入額
- ・匿名組合員に負担させるべき損失の額で益金算入額

　なお，法人が次のいずれかに該当する場合には，本制度の適用はありません（措法 66 の 5 の 2 ③）。

一　法人の当該事業年度の対象純支払利子等の額が 2 千万円以下であるとき。

二　内国法人及びその内国法人との間に特定資本関係がある他の内国法人の当該事業年度に係るイの金額が，当該内国法人及び他の内国法人の当該事業年度に係るロの金額の 20％相当額を超えないとき。

　　イ　対象純支払利子等の額（措法 66 の 5 の 2 ①）の合計額から対象純受取利子等の額（措法 66 の 5 の 2 ③一）の合計額を控除した残額

　　ロ　調整所得金額の合計額から調整損失金額の合計額を控除した残額（措令 39 の 13 の 2 ㉙）

この適用除外の規定（措法66の5の2③）の適用を受けるには，確定申告書等に適用がある旨を記載した書面及びその計算に関する明細書（別表17⑵「対象純支払利子等の額の損金不算入の適用除外に関する明細書」）の添付があり，かつ，その計算に関する書類を保存している必要があります（措法66の5の2④）。

4 超過利子額の繰越と損金算入

法人の各事業年度開始の日前7年以内において損金の額に算入されなかった超過利子額がある場合には，その超過利子額に相当する金額は，当該事業年度の調整所得金額の20％に相当する金額から，対象純支払利子等の額を控除した残額に相当する金額を限度として，当該事業年度の損金の額に算入されます（措法66の5の3①）。

この損金算入措置は，超過利子額に係る事業年度のうち最も古い事業年度以後の各事業年度の確定申告書が提出され，確定申告書等に超過利子額，損金の額に算入される金額及びその計算に関する明細を記載した書類（別表17（2の3）「超過利子額の損金算入に関する明細書」）の添付がある場合に限り適用されます（措法66の5の3④前段）。さらに損金の額に算入される超過利子額は，当該書類に記載された金額が限度とされます（措法66の5の3④後段）。

5 過少資本税制との関係

過大支払利子税制と過少資本税制が同時に適用される場合，それぞれの損金不算入額のうちいずれか大きい金額が損金不算入額とされます（措法66の5の2⑥，66の5④）。

09 恒久的施設を有する外国法人に課される法人税

1 概要

　外国法人が日本に対する直接投資を支店形態で行い，その支店を通じて事業を展開する場合には，その支店は税務上の恒久的施設（法法2十二の十九イ）に該当します。外国法人は，次の一〜六の国内源泉所得（法法138①一〜六）を有するときには，法人税の納税義務を負います（法法4③）。外国法人の日本支店の活動から得られた所得に相当する恒久的施設帰属所得（法法138①一）は，国内源泉所得の一つです。

一　恒久的施設帰属所得

　　　恒久的施設が，外国法人から独立して事業を行う事業者であるとしたならば，その恒久的施設が果たす機能，使用する資産，本店等（法令176）との内部取引等の状況を勘案して，その恒久的施設に帰せられるべき所得（恒久的施設の譲渡により生ずる所得を含む）

二　国内にある資産の運用又は保有による所得（利子・配当・使用料等（所法161①八〜十一・十三〜十六）を除く）

三　国内にある資産の譲渡による所得として政令（法令178）で定めるもの

四　国内において人的役務の提供を主たる内容とする事業で政令（法令179）で定めるものを行う法人が受ける当該人的役務の提供に係る対価

五　国内にある不動産等の貸付け，又は，居住者若しくは内国法人に対する船舶若しくは航空機の貸付けによる対価

六　一〜五以外で，その源泉が国内にあるものとして政令（法令180）で

定めるもの

　恒久的施設を有する外国法人に課される法人税の課税標準は，恒久的施設帰属所得（法法138①一）に係る所得（法法141一イ）と，その他の国内源泉所得（法法138①二～六）に係る所得（法法141一ロ）の金額に区分されます（法法141柱書）。その他の国内源泉所得が恒久的施設帰属所得に該当する場合には，その他の国内源泉所得に係る所得は法人税の課税標準から除かれます（法法141一ロかっこ書）。

　その他の国内源泉所得の中には，所得税法上の国内源泉所得にも該当し，支払者が源泉徴収義務を負うものがあります。具体的には，国内における人的役務の提供事業の対価，国内にある不動産等の貸付けによる対価（法法138①四・五，所法161①六・七，212①）です。これらの国内源泉所得が恒久的施設帰属所得に該当する場合には，所得税が源泉徴収されたうえで，法人税が課されますが（法法143①一），源泉徴収された所得税の額は法人税の額から控除されます（法法144，68）。

　恒久的施設を有しない外国法人に課される法人税の課税標準は，その他の国内源泉所得（法法138①二～六）に係る所得（法法141二）の金額です（法法141柱書）。この場合にも，所得税額控除の規定の適用があります（法法144，68）。

　課税標準とされる恒久的施設帰属所得に係る所得とその他の国内源泉所得に係る所得には，それぞれ法人税が課されますので（法法143①一・二），両者を通算して単一の法人税が課されることはありません。

　なお，外国法人の恒久的施設は，地方税の取扱いにおいては，事務所又は事業所（事務所等）とされ，事務所等の所在する地方団体によって，事業税，住民税等が課されます。

恒久的施設帰属所得の意義

（1）　法人税法の規定

　恒久的施設帰属所得の定義には，「当該恒久的施設に帰せられるべき所得」の文言が用いられています。この文言は，外国法人が，各支店の業績評価に独立採算制を採用すると仮定したうえで，その業績評価のための合理的な基準によって，所得の帰属する拠点と金額が決定されるべきことを明らかにしています。この考え方が，国際課税原則における帰属主義です。

　帰属主義における独立採算性の考え方は「当該恒久的施設が当該外国法人から独立して事業を行う事業者であるとしたならば」の文言に現れています。合理的な基準の概念は，成熟した会計慣行に相当するものと考えられますが，法文上は「当該恒久的施設が果たす機能，当該恒久的施設において使用する資産，当該恒久的施設と当該外国法人の本店等との内部取引その他の状況」が具体的基準として示されています。

　この場合の内部取引とは，外国法人の恒久的施設と本店等との間で行われた資産の移転，役務の提供その他の事実で，独立の事業者の間で同様の事実があったとしたならば，これらの事業者の間で，資産の販売，資産の購入，役務の提供その他の取引（債務の保証等を除く）が行われたと認められるものをいいます（法法138②，法令181）。

（2）　恒久的施設に係る取引に係る文書化

　恒久的施設を有する外国法人は，恒久的施設帰属所得を有する場合において，他の者との間で行った恒久的施設帰属外部取引について，取引の明細，取引の内容，使用資産の明細，果たす機能に関連するリスク等を記載した書類を作成する必要があります（法法146の2①，法規62の2）。

　さらに，当該恒久的施設と当該外国法人の本店等との内部取引その他の状況等を記載した書類等を作成する必要があります（法法146の2②，法規

62 の 3)。

(3) 源泉所得税の取扱い

内部取引に係る源泉税は，恒久的施設と本店等との間の内部利子等には課されません。なぜなら，内部取引は恒久的施設を本店等から分離独立した企業と擬制したものであり，恒久的施設と本店等との間には利子等の支払債務は生じないからです（所基通 212-3）。

(4) 租税条約による修正

租税条約において，国内源泉所得について，法人税法の規定（法法 138）と異なる定めがある場合には，その租税条約の適用を受ける外国法人については，国内源泉所得は，その異なる定めがある限りにおいて，その租税条約に定めるところによるとされています（法法 139 ①第一文）。

例えば，法人税法は，国際課税原則における帰属主義の解釈においては，恒久的施設帰属所得について，内部取引を認識することとしていますが（法法 138 ①一，OECD7），日本が締結している租税条約には，内部取引を認識することが明示されていない条約があります。このような租税条約の適用がある場合には，恒久的施設帰属所得について内部取引を認識しないこととなります。

3 外国法人に係る法人税の課税標準の計算

(1) 概要

恒久的施設を有する外国法人に対して課する法人税の課税標準は，各事業年度の恒久的施設帰属所得に係る所得の金額です（法法 141 一イ）。

恒久的施設帰属所得以外の国内源泉所得（法法 138 ①二～六）に係る所得については，外国法人が恒久的施設を有するかどうかに関わらず法人税が

課税されますが（法法141一ロ・二），それらの所得が恒久的施設に帰属する場合には，恒久的施設帰属所得に含められ，恒久的施設帰属所得に係る所得を課税標準とする法人税が課されます（法法141一ロかっこ書，法基通20-4-1）。

恒久的施設帰属所得に係る所得は，恒久的施設を通じて行う事業に係る益金の額から，損金の額を控除した金額です（法法142①・④，法令184①）。恒久的施設帰属所得に係る所得の金額が欠損となる場合もありますが，その他の国内源泉所得に係る所得（法法141一ロ・二，142の10）との通算はできません。

恒久的施設帰属所得の金額の計算上，益金の額又は損金の額に算入すべき金額は，別段の定めがあるものを除き，内国法人の各事業年度の所得に対する法人税に関する諸規定を準用して計算した場合に益金の額又は損金の額となる金額です（法法142②・④）。準用されている規定には，法人税法第22条の所得金額の計算の通則規定をはじめとして，役員給与の損金不算入（法法34，法令184①七），寄附金の損金不算入（法法37①，法令184①八，法基通20-5-12），内国法人の欠損金の繰越控除（法法57①・⑩，法令184①十五）等の規定が含まれています（法法142②）。

（2）　内国法人の所得金額の計算規定の修正

内国法人の販売費，一般管理費その他の費用は，債務の確定が損金算入要件とされていますが（法法22③二），内部取引について法的な債務の確定を損金算入要件とすることは，内部取引の損金算入を否定することになりますので，内部取引については債務の確定していない費用の損金算入が認められます（法法142③一，法基通20-5-8）。

さらに，販売費，一般管理費その他の費用（法法22③二）には，外国法人の恒久的施設を通じて行う事業及びそれ以外の事業に共通する費用のうち，収入金額，資産の価額，使用人の数その他の基準のうち，これらの事

業の内容及び当該費用の性質に照らして合理的と認められる基準を用いて当該恒久的施設を通じて行う事業に配分した金額（本店配賦経費）が含まれます（法法142③二，法令184②，法基通20-5-9～20-5-11）。

ただし，配分に関する計算の基礎となる書類の保存がないときは，その書類の保存がなかった本店配賦経費については損金の額に算入されません（法法142の7①，法規60の10）。

また，恒久的施設には，資本金等（法法2十六），又は，利益又は剰余金の分配等の概念がありませんので，資本等取引（法法22⑤）以外の取引に係る損失の損金算入規定（法法22③三）を，外国法人にどのように準用するかが問題となります。

この点に関し，外国法人の恒久的施設帰属所得に係る所得の金額の計算における資本等取引には，恒久的施設を開設するための外国法人の本店等から恒久的施設への資金の供与又は恒久的施設から本店等への剰余金の送金その他これらに類する事実を含むものとされています（法法142③三）。

4 恒久的施設に帰せられるべき資本に対応する負債利子の損金不算入

恒久的施設帰属所得の金額の計算上損金の額に算入される負債の利子には，恒久的施設帰属外部取引に属する負債利子，本支店間の内部利子（法法142③一），本店配賦経費に含まれる負債の利子（法法142③二）等が含まれます。

内国法人には過少資本税制の適用がありますが（措法66の5），外国法人については，恒久的施設に係る自己資本の額が，本店等から分離独立した企業であるとした場合に必要とされる程度の資本（恒久的施設帰属資本相当額）に満たない場合には，その満たない金額に相当する恒久的施設の負債に係る利子が損金不算入とされます（法法142の4①）。

恒久的施設自体には，資本金等（法法2十六）の概念がありませんので，恒久的施設に係る自己資本の額とは，恒久的施設に係る資産の帳簿価額の平均的な残高として合理的な方法により計算した金額から，合理的な負債の残高を控除した残額とされています（法法142の4①かっこ書，法令188①）。

一方，恒久的施設帰属資本相当額とは，外国法人の資本に相当する額のうち恒久的施設に帰せられるべき金額をいい，資本配賦法又は同業法人比準法のいずれかの方法により計算された金額とされています（法令188②～⑥）。

具体的な損金不算入額は，次の算式で計算します（法令188⑫）。

$$損金不算入額 = \frac{外国法人の恒久的施設を通じて行う事業に係る負債の利子の額（法令188⑪）}{B} \times A$$

A＝恒久的施設帰属資本相当額－恒久的施設に係る自己資本の額

B＝恒久的施設に帰せられる有利子負債の帳簿価額の平均残高

5 恒久的施設の範囲

（1） 概要

法人税法は，恒久的施設に該当するものを，次の(a)(b)(c)としています（法法2十二の十九）。

(a) **外国法人の国内にある支店，工場，その他事業を行なう一定の場所で政令**（法令4の4①）**で定めるもの**

この政令で定める場所は，次に掲げる場所とされています。

一　事業の管理を行う場所，支店，事務所，工場又は作業場

二　鉱山，石油又は天然ガスの坑井，採石場その他の天然資源を採取する場所

三　その他事業を行なう一定の場所（法基通20-1-1）

(b) 外国法人の国内における建設若しくは据付けの工事又はこれらの指揮監督の役務の提供を行う場所その他これに準ずるものとして政令（法令4の4②）で定めるもの

　　この政令で定めるものは，外国法人が国内において長期建設工事等を行う場所（長期建設工事現場等）とされ，長期建設工事等とは，建設若しくは据付けの工事又はこれらの指揮監督の役務の提供で1年を超えて行われるものです（法基通20-1-4）。

(c) 外国法人が国内に置く自己のために契約を締結する権限のある者その他これに準ずる者として政令（法令4の4⑦）で定めるもの

　　この政令で定める者は，国内において外国法人に代わって，その事業に関し，反復して次に掲げる契約を締結し，又は当該外国法人によって重要な修正が行われることなく日常的に締結される次に掲げる契約の締結のために反復して主要な役割を果たす者（契約締結代理人等）とされています（法基通20-1-5～7）。

　　一　当該外国法人の名において締結される契約
　　二　当該外国法人が所有し，又は，使用の権利を有する財産について，所有権を移転し，又は使用の権利を与えるための契約
　　三　当該外国法人による役務の提供のための契約

　　上記一の契約は，代理人が本人のためにすることを示して締結される契約です（民99①）。二・三の契約には，商法上の問屋（商551）が委託者たる他人の計算において，自分が権利・義務の帰属主体となって締結される契約（商552①），又は，コミッショネア（Commissionaire）が外国法人との取決めに基づき，コミッショネアの名義で締結する契約等のうち，これらの規定に該当する種類の契約が該当します。

　　なお，外国法人に代わって行動する者が，その事業に係る業務を外国

法人に対し独立して行い，かつ，通常の方法により行う場合，その者は契約締結代理人等に含まれないとされています（法令4の4⑧，法規3の4，法基通20-1-8）。いわゆる独立代理人です。ただし，その者が，専ら又は主として一又は二以上の自己と特殊の関係にある者に代わって行動する場合には，独立代理人とはされません（法令4の4⑧ただし書，⑨，法規3の4）。

（2）　恒久的施設の範囲からの除外

　外国法人の国内における活動の区分に応じ，次のものが恒久的施設（法令4の4①・②）の範囲から除かれます（法令4の4④一〜六）。

　ただし，恒久的施設の範囲から除かれるのは，次の活動が，その外国法人の事業の遂行にとって準備的又は補助的な性格である場合に限られます（法令4の4④ただし書，法基通20-1-2〜3）。

　　一　外国法人に属する物品又は商品の保管，展示又は引渡しのためにのみ施設を使用する活動

　　　　……その施設

　　二　外国法人に属する物品又は商品の在庫を保管，展示又は引渡しのためにのみ保有する活動

　　　　……その保有することのみを行う場所

　　三　外国法人に属する物品又は商品の在庫を，事業を行なう他の者による加工のためにのみ保有する活動

　　　　……その保有することのみを行う場所

　　四　その事業の遂行のために物品若しくは商品を購入し，又は情報を収集することのみを目的として，恒久的施設とされる場所等（法令4の4①一〜三）を保有する活動

　　　　……その場所

　　五　その事業の遂行のために一〜四の活動以外の活動を行うことのみを

目的として，恒久的施設とされる場所（法令4の4①一〜三）を保有する活動

……その場所

六　一〜四の活動及びそれらの活動以外の活動を組み合わせた活動を行うことのみを目的として，恒久的施設とされる場所（法令4の4①一〜三）を保有する活動

……その場所

（3）　事業の細分化を通じた恒久的施設の人為的回避防止措置

　恒久的施設の範囲からの除外措置（法令4の4④）は，次の場所については適用されません（法令4の4⑤一〜三）。

一　除外措置の適用対象（法令4の4④）となる事業を行う一定の場所（法令4の4①）を使用し，又は保有する外国法人が，その一定の場所において事業上の活動を行う場合において，次のいずれかの要件に該当し，その場所以外の場所（他の場所）において行う活動（細分化活動）が一体的な業務の一部として補完的な機能を果たすときにおける当該事業を行う一定の場所

　イ　当該他の場所が恒久的施設に該当すること

　ロ　細分化活動の組み合わせによる活動の全体がその事業の遂行にとって準備的又は補助的な性格のものでないこと

二　除外措置の適用対象（法令4の4④）となる事業を行う一定の場所（法令4の4①）を使用し又は保有する外国法人，及び，その外国法人と特殊の関係（法令4の4⑨）にある者（関連者）が，それぞれ事業を行う一定の場所において事業上の活動を行う場合において，次のいずれかの要件に該当し，それらの場所において行う事業上の活動（細分化活動）が両者による一体的な業務の一部として補完的な機能を果たすときにおける当該事業を行う一定の場所

イ　当該事業を行う一定の場所が，当該関連者の恒久的施設（当該関連者が内国法人の場合には，恒久的施設に相当するもの）に該当すること

　　ロ　当該細分化活動の組合せによる活動の全体が当該外国法人の事業の遂行にとって準備的又は補助的な性格のものでないこと

　三　除外措置の適用対象（法令4の4④）となる事業を行う一定の場所（法令4の4①）を使用し又は保有する外国法人が，その一定の場所において事業上の活動を行う場合で，かつ，当該外国法人に係る関連者が，他の場所において事業上の活動を行う場合において，次のいずれかの要件に該当し，両者がそれぞれの場所において行う事業上の活動（細分化活動）が，両者による一体的な業務の一部として補完的な機能を果たすときにおける当該事業を行う一定の場所

　　イ　当該他の場所が，当該関連者の恒久的施設（当該関連者が内国法人の場合には，恒久的施設に相当するもの）に該当すること

　　ロ　当該細分化活動の組合せによる活動の全体が当該外国法人の事業の遂行にとって準備的又は補助的な性格のものでないこと

　この措置は，2017年に追加されたOECDモデル条約第5条4.1（いわゆる事業活動の細分化への対応）を踏まえたものです。

（4）　租税条約における恒久的施設の取扱い

　我が国が締結した所得に対する租税に関する二重課税の回避又は脱税の防止のための条約において，上記のものと異なる定めがある場合には，その条約の適用を受ける外国法人については，その条約において恒久的施設と定められたもの（国内にあるものに限る）が恒久的施設とされます（法法2十二の十九ただし書）。

（1）　納税管理人の選任・解任

　本邦内に本店又は主たる事務所を有しない法人である納税者が，本邦内に事務所又は事業所を有せず，若しくは有しないこととなる場合において，納税申告書の提出その他国税に関する事項を処理する必要があるときは，その者は，当該事項を処理させるため，本邦内に住所又は居所を有する者で当該事項の処理につき便宜を有するもののうちから納税管理人を定め（通則法117①），納税管理人に係る国税の納税地を所轄する税務署長にその旨を届け出なければならないとされています（通則法117②，通令39）。納税管理人を解任したときも届け出が必要とされています。納税管理人の権限は，納税者からの解任又は辞任によって消滅しますが，解任の届け出があるまでは，税務官庁では，なおその権限が消滅していないものとして取扱うとしています（国基通117-4・5，民112，655）。

　外国法人のうち本邦に恒久的施設を有するものは，一般的に事務所又は事業所（法法2二十二の十九イ）を有しますので納税管理人の選任は不要ですが，恒久的施設の譲渡（法法138①一かっこ書）又は閉鎖により事務所又は事業所を有しなくなる場合には選任が必要になるものと思われます。

　一般的には，外国法人について納税管理人の選任が必要になるのは，法人税の課税対象となる恒久的施設帰属所得以外の国内源泉所得（法法138①二〜六）を有することになった場合です。

　納税管理人は，納税者が国税に関する事項を処理する必要があるときに選任すべき規程振りとなっていますが，税務署長にとっても，更正・決定通知書等の送達先（通則法12ただし書）としての便宜があります。

　納税管理人の届け出が行なわれなかった場合には，納税者に係る国税の納税地を所轄する国税局長又は税務署長は，納税管理人に処理させる必要がある特定事項（通規12の2）を明示して，60日を超えない範囲内におい

てその準備に通常要する日数を勘案した指定日までに，納税管理人の届出をすべきことを書面で求めることができます（通則法117③）。

　この特定事項とは，次の二つの事項その他これに類する事項とされています。

(a)　国税に関する調査において，税務署長又は国税局若しくは税務署の当該職員（国税局長等）が納税者に発する書類を受領し，及び当該納税者に対して当該書類を送付すること（通規12の2一）。

(b)　納税管理人の届出を求められた納税者が，国税局長等に提出する書類を受領し，及び当該国税局長等に対して当該書類を提出すること（通規12の2二）。

　さらに，納税管理人を選任すべき納税者が納税管理人の届出（通則法117②）をしなかった場合には，当該納税者に係る国税の納税地を所轄する国税局長又は税務署長は，本邦内に住所を又は居所を有する者で特定事項の処理につき便宜を有するもの（国内便宜者）に対し，当該納税者の納税管理人となることを書面で求めることができます（通則法117④）。

　国税局長又は税務署長は，特定事項の明示を受けて納税管理人の届出を求められた納税者（特定納税者）が，指定日までに，納税管理人の届出をしなかったときは，国内便宜者の中から，特定事項を処理させる納税管理人（特定納税管理人）を指定することができます（通則法117⑤）。

　特定納税者が法人の場合の特定納税管理人には次の者が指定されます（通則法117⑤二）。

イ　当該特定納税者との間にいずれか一方の法人が他方の法人の発行済株式の50％以上を保有する関係のある法人（通令39の2）

ロ　特定納税者の役員又はその役員と生計を一にする配偶者その他の親族で成年に達した者

ハ　特定納税者に係る国税の課税標準等又は税額等の計算の基礎となる

べき事実について当該特定納税者との間の契約により密接な関係を有する者（通則法117⑤一ロ，国基通117-10），又は，電子情報処理組織を使用して行われる取引その他の取引を当該特定納税者が継続的に又は反復して行う場（プラットフォーム等）を提供する事業者（通則法117⑤一ハ，国基通117-11）

　指定された特定納税管理人が処理できる事項は，国税に関する調査における事項（特定事項）に限定されます（通則法117③，通規12の2）。国税通則法の法文上は，外国法人に対する国税の更正通知書等は，国外の本店（事務所及び事業所）所在地に送達することも可能ですが（通則法12①），国税庁は，国際法上の主権侵害のおそれがあることを考慮して，国外送達には消極的のようです。租税に関する相互行政支援に関する条約（税務行政執行共助条約）第17条の送達共助による文書の送達が可能ならば，主権侵害の誹りを免れることができますが，特定納税管理人制度の利用によって，少なくとも法人税の賦課（通則法16①一）に関しては，税務調査の目的を達することができます。

　なお，特定納税管理人以外の納税管理人は，本邦内に住所又は居所を有する者（文理解釈上は自然人）のうちから定めるとされていますが，自然人以外の法人も納税管理人に選任されています。

(2)　外国普通法人となった旨の届出

　恒久的施設を有しない外国法人（法法2四）である普通法人（法法2九）が恒久的施設を有することとなった場合には，その外国法人である普通法人は，恒久的施設を有することとなった日以後2月以内に，次に掲げる事項を記載した届出書に定款に相当する書類とその和訳文（法規64）を添付し，納税地（法法17一）の所轄税務署長に提出しなければなりません（法法149①）。

(a) 納税地及び恒久的施設帰属所得に係る事業の責任者の氏名

(b) 恒久的施設帰属所得（法法141一イ）に係る事業の目的及び種類

(c) 恒久的施設帰属所得に係る事業を開始した日若しくは開始予定日

　外国会社について，日本における代表者の登記（会法817①），又は，営業所の設置の登記（会法936①）が行われている場合であっても，それらの登記事項証明書又はその写しを届出書に添付することは必要とされていません。

　なお，恒久的施設を有することとなった外国普通法人の国内源泉所得に係る所得の金額（法法141一イ・ロ）の全部につき租税条約の規定等により法人税を課さないこととされる場合には，届出書の提出は不要です（法法149①ただし書）。

　恒久的施設を有する外国法人が，恒久的施設を有しなくなる場合には，事業年度の特例（みなし事業年度）の適用がありますが（法法14①八），納税管理人の届出（通則法117①）以外の届出が必要かどうかに関しては，特段の規定は設けられていないと思われます。ただし，会社法においては営業所の閉鎖の登記に関する定めが設けられています（会法936②）。

10 M&A

1 M&A の形態

（1） 外資系企業による日本国内の M&A

外国企業の国内直接投資は，既存の内国法人（ターゲット）の株式を取得して支配権を獲得する方法によって行うことができます。少数株主が存在することは，経営の自由度が大きく損なわれますので，M&A は 100％の株式取得が目標です。具体的には，次の方法があると思われます。

イ　現金を対価にターゲットの株式をターゲットの株主から直接取得する方法

この方法では，ターゲットの全株式を取得できるとは限りません。一定以上の株式を取得した後であれば，株主総会の特別決議により，株式の併合（会法180①・②，309②四）が可能となります。株式の併合によって，少数株主が保有する株式が1株未満の端数になれば，少数株主は議決権を失いますので100％の支配権の獲得も可能となります。

総株主の議決権の90％以上を有する特別支配株主は，株主総会の決議を経なくても，対象会社の承認を受ければ，株式売渡請求が認められます（会法179①）。

法人税法では，株式の併合及び株式売渡請求に係る承認の両者について，所定のものを株式交換（会法2三十一）及び全部取得条項付種類株式に係る取得決議とともに，株式交換等の範囲に含めていますが（法法2二十二の十六柱書，同イ・ロ・ハ），その税制適格性については別途検証が必要です。

ロ　自社（外国親会社）の株式又は現金を対価として，合併（三角合併）又は株式交換（三角株式交換）によりターゲットの支配権を獲得する方法

この方法は，外国法人が，内国法人としての SPC を設立して，SPC が合併法人又は株式交換完全親法人となる方法です。SPC とターゲットはいずれも設立準拠法が同一の内国法人なので，クロスボーダーの M&A にも利用できます。

法人税法の取扱いにおいては，SPC とターゲットの間には，完全支配関係（法法２十二の七の六），又は，支配関係（法法２十二の七の五）は存在しませんので，適格合併又は適格株式交換等とされるには，共同事業を行う場合の適格要件（法法２十二の八ハ，２十二の十七ハ，法令４の３④・⑳，法規３①・③）を満たす必要があります。

しかしながら，SPC は一般的にペーパーカンパニーですので，これらの適格要件を満たすことはできません。その結果，三角合併におけるターゲットの資産・負債の SPC への移転は，資産・負債の時価譲渡とされます（法法62①前段）。三角株式交換の場合には，ターゲットの固定資産・土地等の時価評価（法法62の９①）が必要になります。合併の場合には，みなし配当課税（法法24①一）も行われます。

したがって，会社法が認める三角合併，三角株式交換等は，税法上の理由により，クロスボーダーの M&A での利用は限定的です。

（2）　日本企業による海外の M&A

M&A の目的は，外資系企業による日本国内の M&A と変わりはありませんので，現地企業の100％支配を目指します。100％支配の方法としては株式の取得以外にどのような方法があるかは，現地の専門家から，海外の会社法・税法等のアドバイスを受けて検討する必要があります。

海外の M&A に関しては，日本の組織再編税制の適用関係が問題となり

ます。例えば，内国法人甲社が100%保有するX国子会社T社が，X国の会社法制に基づきX国法人A社によって吸収合併（X国合併）され，甲社がA社株式のみの交付を受ける場合，このX国合併が，法人税法が規定する合併に該当すれば，金銭等不交付合併に該当しますので，甲社に対してT社株式の譲渡益課税（法法61の2①）は行われません（法法61の2②）。さらに，X国合併が，適格合併（法法2十二の八）に該当すれば，A社株式の時価が，T社に係る資本金等（法法2十六，法令8）の額を上回っていても，みなし配当は生じません（法法24①一かっこ書）。

　国税庁は，外国における組織再編行為が，日本の法人税法が射程とする合併・分割，株式交換等に該当するかどうかに関する具体的な判断基準を明らかにしていませんが，「外国における組織再編行為が，我が国における組織再編の本質的要素と同じ要素を備えるものであれば，我が国における組織再編の場合と同様と取扱いとすべきであろう。」とする見解があり，国税当局にも認知されていると思われます（「外国における組織再編に係る我が国租税法上の取扱いについて」公益社団法人日本租税研究会，平成24年4月9日）。

2　M&A後の投資の回収又は組織再編

（1）　投資の回収形態

　外国企業がM&A等により日本子会社を有することになった場合，その子会社の活動事業によって利益が生ずれば，子会社株式を第三者に移転させることにより投資資金を上回る利益を得ることができます。回収の方法には，現金を対価に株式を売却する方法，子会社を被合併法人又は被分割法人として合併法人又は分割承継法人から合併対価又は分割対価を取得する方法，子会社株式を現物出資することによって被現物出資法人の株式を取得する方法等が考えられます。

（2）　投資の回収又は組織再編に係る法人税の課税関係

　内国法人が発行する株式の譲渡による所得で，内国法人の特殊関係株主等（法令178④）である外国法人が行うその内国法人の株式の譲渡（事業譲渡類似株式の譲渡）による所得は，国内源泉所得のうち国内にある資産の譲渡による所得に該当します（法法138①三，法令178①四ロ）。ただし，国内源泉所得に該当する株式の譲渡は，譲渡事業年度終了の日以前3年以内のいずれかの時において，その特殊関係株主等が，その内国法人の発行済株式の25%以上を所有し，譲渡事業年度において，その特殊関係株主等が最初にその内国法人の株式の譲渡をする直前の5%以上を譲渡した場合に限られます（法令178⑥一・二）。

　この国内源泉所得に係る所得は，その外国法人が恒久的施設を有するかどうかとは無関係に，法人税の課税標準に含まれます（法法141一ロ，同二）。課税標準の金額は，益金の額から損金の額を控除した金額ですが（法法142の10，142①），内国法人の所得計算に関する規定の多くが準用され，その中には，組織再編に係る所得の金額の計算規定（法法62〜62の九）が含まれています。したがって，金銭等不交付合併又は金銭等不交付分割型分割の場合の帳簿価額又は分割純資産対応帳簿価額による譲渡（法法61の2②・④）の規定により（法法142の10，142②），課税標準に含まれる金額が生じない場合も考えられます。

　子会社株式の譲渡，合併・分割以外にも，外国親会社には，子会社株式の現物出資によって投資の回収又は再編を行う選択肢もあります。この場合も，外国親会社には，事業譲渡類似株式の譲渡に係る法人税の規定が適用されますが，再編が適格現物出資（法法2十二の十四）に該当する場合には，課税が繰り延べられます。

　適格現物出資に該当するかどうかを判断するには，次の第一・第二の検討を行う必要があります。

第一に，次のイ・ロの現物出資は，適格現物出資の範囲から除かれます（法法２十二の十四かっこ書）。

　イ　外国法人に国内資産等の移転を行うもの

　ロ　外国法人が内国法人又は他の外国法人に国外資産等の移転を行うもの

　この国内資産等とは，国内不動産や国内にある事業所に属する資産等（法令４の３⑩），国外資産等とは，国外にある事業所に属する資産等（法令４の３⑪）とされ，いずれの事業所に属するかは，その資産等がいずれの事業所の帳簿に記載されているかにより判定するものとされていますので（法基通１-４-12），外国親会社が保有する日本の子会社株式は，一般的に国外資産等に該当します

　したがって，外国親会社が，子会社株式を移転する現物出資は，被現物出資法人が内国法人ならばイには該当しませんが，ロに該当することによって，適格現物出資の範囲から除かれるかのような規定ぶりとなっています。しかし，ロについては，除かれない現物出資の形態（適格現物出資とされる形態）が，追加的に定められています。

　具体的には，ロのうち，外国法人が他の外国法人に国外資産等の移転を行うものについては，他の外国法人の恒久的施設を通じて行う事業に係るものとなる現物出資だけがロに該当する（適格現物出資の範囲から除かれる）とされています（法法２十二の十四かっこ書，法令４の３⑪）。この取扱いは，外国法人の恒久的施設の帳簿上に，含み損失の生じている資産を計上させない趣旨で設けられたものです。

　第二に，現物出資法人と被現物出資法人に完全支配関係（法法２十二の七の六），又は，支配関係（法法２十二の七の五）がない場合には，共同で事業を行う場合の適格要件を満たす必要があります（法法２十二の十四ハ，法令４の３⑮）。

子会社株式の現物出資が，上記第一・第二の要件を満たすことにより適格現物出資とされた場合には，簿価譲渡とされますので（法法62の4①），事業譲渡類似株式の譲渡に係る法人税の課税関係は生じないものと考えられます。

3 支店形態で行われた投資の回収又は再編

　外国法人が支店等の恒久的施設の譲渡により得た所得は，恒久的施設帰属所得に含まれ，法人税の課税対象とされます（法法138①一かっこ書，141一イ）。

　また，支店を他の者に譲渡することなく閉鎖する場合には，恒久的施設閉鎖事業年度終了の時に恒久的施設に帰せられる資産の評価益又は評価損は，恒久的施設閉鎖事業年度の恒久的施設帰属所得の計算上，益金の額又は損金の額に算入されます（法法142の8①）。

　この場合の閉鎖には，恒久的施設を有する外国法人を被合併法人若しくは分割法人とする適格合併又は適格分割型分割は含まれません（法令190①）。

　外国法人の日本支店に帰属する資産等を，その外国法人が100％保有する内国法人に現物出資する組織再編行為については，その現物出資が適格現物出資（法法2二十二の十四）に該当すれば，簿価譲渡とされますので，恒久的施設帰属所得に係る所得は生じません（法法142②，62の4）。

　この場合の現物出資は，外国法人が完全支配関係のある内国法人に対して，日本支店の帳簿に計上されている国内資産等の移転を行う現物出資なので，対価として被現物出資法人の株式のみが交付され，完全支配関係が継続するならば，適格現物出資とされ（法法2二十二の十四イ，法令4の3⑬一イ），恒久的施設帰属所得に係る所得は生じません。

11 金融資産のクロスボーダー取引

1 クロスボーダー取引の形態

　金融資産への投資は，M&A とは異なり，企業に対する経営参加を目的としない間接投資です。間接投資は，キャピタルゲイン，利子・配当収入の獲得が目的です。投資先国は，海外から投資を幅広く呼び込み，自国の金融市場を活性化させるために，一般的に，国外からの投資家に対するキャピタルゲイン課税を行いませんが，利子・配当については，自国の税制及び租税条約で認められた課税権の範囲内で，源泉徴収の方法で課税が行われます。

　クロスボーダー投資には，海外投資の専門家のアドバイスを参考にしながら，分散投資による投資リスクの軽減にも配慮し，投資ファンドや投資信託等を利用した集団投資スキームが，広く利用されています。

　税制面においては，日本の所得税法は，海外の投資ファンドからのインバウンド投資について，恒久的施設の範囲を広く捉え，投資対象資産のキャピタルゲインから配分を受ける利益であっても，恒久的施設を通じて行う事業としての課税が可能となる規定を有しています（所法 161 ①四，措法 41 の 21 参照）。日本の投資家が海外のファンド経由でアウトバウンド投資する場合にも，専門家から国内外の税制に関するアドバイスを受け，二重課税が生ずる可能性，及び，二重課税が生じた場合の排除・軽減措置を事前に検討しておく必要があります。

居住者によるクロスボーダー間接投資の税務

（1） 所得税の課税関係

イ　概要

　金融資産のキャピタルゲインは，所得税法においては，資産の譲渡に係る収入金額から取得費及び譲渡費用を控除した金額の性質を有し，その金額から特別控除額を控除した金額が譲渡所得の金額とされます（所法33③）。

　譲渡所得の金額は，総所得金額に含まれ，総合課税の対象ですが（所法21，22②），一般株式等に係る譲渡所得の金額，上場株式等に係る所得の金額については，租税特別措置により，総所得金額に含まれず，他の所得と区分して，15％の税率で分離課税されます（措法37の10①，37の11①）。

　居住者が行うクロスボーダー投資の対象は，海外の金融商品取引市場に上場されている株式，外国投資信託（措法2①五，所法2①十二の二）の受益権（措法37の11②一）等が中心になると思われますが，それらの多くは，上場株式等に係る譲渡所得の課税の特例（措法37の11）が適用されます。

ロ　投資方法

　投資家は，日本又は海外の金融取引業者の口座を利用した投資が可能です。いずれの取引口座を利用しても，所得税の課税関係は原則的に同一です。海外の金融取引業者の口座を利用した投資から生ずるキャピタルゲインにも，15％の分離課税の規定は適用されます（措法37の10①，37の11①）。

　特定口座（措法37の11の3③一）の保有者は，上場株式等の譲渡の対価の額，取得費の額，譲渡に要した費用の額，譲渡に係る所得の金額又は差益の金額等が記載された特定口座年間取引報告書（措法37の11の3⑦，措規18の13の5）の交付を受けることができます。しかし，海外の金融取引

業者に開設した取引口座に関しては，このような報告書の提供を受けることはできません。したがって，投資家は，海外の金融取引業者から提供を受ける投資情報を参考に，所得税の申告に必要な資料を自ら入手する必要があります。

ハ　損益通算・損失の繰越控除特例の適用

　上場株式等に係る譲渡所得の課税の特例（措法37の11）は，総合課税に代えて，15％の税率で分離課税を行うものですが（措法37の11①前段），損失の金額があるときは，損失の金額はなかったものとされます（措法37の11①後段）。

　ただし，上場株式等の譲渡損失については，常に，損失の金額がなかったものとされる（措法37の11①後段）わけではなく，譲渡損失を，上場株式等の配当所得等の金額（措法8の4①）から控除する特例が設けられています（措法37の12の2①：損益通算）。

　損益通算の対象となる譲渡損失の金額には，第一種金融取引業（金商法28①）を行う金融商品取引業者（金商法2⑨）又は登録金融機関（金商法2⑪）への売委託等により行う上場株式の譲渡（措法37の12の2②一），金融商品取引業者に対する上場株式の譲渡（措法37の12の2②二），信託会社の国内にある営業所に信託されている上場株式等の譲渡で外国証券業者（金商法58）への売委託により行うもの（措法37の12の2②九）等に係る譲渡損失の金額が含まれますが，海外の金融取引業者の口座内資産の譲渡に係る譲渡損失は特例の対象外になるものと思われます。

　さらに，確定申告書を提出する年の前年3年内の各年において生じた上場株式の譲渡損失の金額（この特例の適用を受けて既に前年以内に控除されたものを除く）は，その確定申告書に係る年分の上場株式等の係る譲渡所得の金額及び上場株式等の配当所得等の金額（措法8の4①）の計算上控除されます（措法37の12の2⑤：損失の繰越控除）。

（2） 外国投資信託の受益権から生ずる所得の取扱い

イ 外国投資信託の定義

　所得税法において外国投資信託とは，外国において外国の法令に基づいて設定された信託で，投資信託に類するものをいいます（所法2①十一かっこ書，同①十二の二，投信法2㉔）。

　一方，投資信託とは，委託者指図型投資信託及び委託者非指図型投資信託（投信法2③）及び外国投資信託（所法2十一かっこ書）をいうとされていますので（所法2①十二の二），外国投資信託とは，外国において外国の法令に基づいて設定された信託で，委託者指図型投資信託及び委託者非指図型投資信託に類するものとなります。

　投信法において，委託者指図型投資信託とは，委託者（投信委託会社）の運用指図により，主として有価証券，不動産等の特定資産に対する投資として運用することを目的とする信託であって，受益権を分割して複数の者に取得させることを目的とするものです（投信法2①）。

　一方，委託者非指図型投資信託とは，1個の信託契約に基づいて，受託者（信託会社等）が複数の委託者から受け入れた金銭を，合同して，委託者の指図に基づかず主として特定資産に対する投資として運用することを目的とする信託ですが（投信法2②），信託会社等は委託者非指図型投資信託の信託財産を主として有価証券に対する投資として運用することを目的とする投資信託契約を締結してはならないとされていますので（投信法48），委託者非指図型投資信託は，事実上，不動産投資信託（REIT：Real Estate Investment Trust）としての利用が想定される投資信託です。しかし，実際のREIT（J–REIT）には，投資法人（投信法2⑫）が利用されることが多く，上場投資法人の例もあります。

　投資信託とともに集団投資スキームの vehicle として利用される投資法人は，資産を主として特定資産に対する投資として運用することを目的と

して，この法律に基づき設立された社団とされていますので（投信法2⑫），投資信託には該当しません。また，外国投資法人は，外国の法令に準拠して設立された法人たる社団又は権利能力のない社団で，投資証券，新投資口予約証券又は投資法人債券に類する証券を発行するものをいうとされていますので（投信法2㉕），外国投資信託には該当せず，租税特別措置法上の外国法人です（所法2①七，法法2四，措法2①二，2②一の二）。

ロ　投資家の課税関係

所得税法において，信託の受益者は当該信託の信託財産に属する資産及び負債を有するものとみなし，かつ，当該信託財産に帰せられる収益及び費用は当該受益者の収益及び費用とみなされます（所法13①前段）。この規定の適用を受ける信託は，一般的に，受益者等課税信託又は本文信託と呼ばれます。

この一方で，外国投資信託（法法2二十九ロ，同二十六，投信法2㉔）を含む集団投資信託（所法13③一）の信託財産に属する資産及び負債並びに収益及び費用については，この限りではないとされています（所法13①ただし書）。

「この限りではない」とは，受益者に信託利益の配分が行われたときに，受益者に対してはじめて課税関係が生ずるという意味です。さらに，法人が受託者となる集団投資信託の信託財産に属する資産及び負債並びに当該信託財産に帰せられる収益及び費用は，当該法人の各事業年度の所得の金額の計算上，当該法人の資産及び負債並びに収益及び費用でないものとみなして，この法律（法人税法）の規定を適用するとされていますので（法法12③），集団投資信託の受益者は，信託利益の配分時点までは法人税の課税も受けることなく，所得税の課税が繰延べられます。

ただし，居住者が，外国投資信託のうち，特定投資信託に類するもの（措法68の3の3①）の受益権を直接又は間接に保有する場合には，外国子

会社合算税制が適用されますので（措法40の4⑫），課税の繰延べが無条件に認められるわけではありません。

　所得の種類に関しては，投資信託の収益の分配は，信託財産から生ずる所得の発生原因（キャピタルゲイン・利子・配当等）とは無関係に配当所得とされ（所法24①），上場株式等に係る配当については，15％の税率により分離課税されます（措法8の4①）。

　これらは，日本の所得税法・法人税法が定める課税上の取扱いであることに留意する必要があります。外国投資信託の受益者の居住地国の税法によっては，所得の発生時にその所得の発生原因に応じて，受益者に対してパススルー課税が行われる場合もありますので，日本の居住者が，パススルー課税を前提とした投資情報の提供を受けたとしても，その情報を日本の確定申告資料として活用することはできません。

3　投資信託に係る国内外の課税制度

（1）　外国法人の株式に係る配当に対する国外における課税

　内国法人が受託者となる投資信託の運用資産に外国法人の株式が含まれている場合，その外国法人の配当については，外国法人の所在地国の法令に基づき外国所得税が課されます。

（2）　集団投資信託の分配に係る所得税の源泉徴収

　居住者に対して国内において配当等（所法24①）の支払する者は所得税の源泉徴収義務を負います（所法181①）。配当等には，投資信託の収益の分配が含まれますが（法法24①），内国法人がその引き受けた集団投資信託の信託財産について納付した外国所得税の額は，その集団投資信託の収益の分配に係る所得税の額（所法181，212）から控除されます（所法176③，所令300②・③）。外国法人が引き受けた集団投資信託についても同様です（所

法180の2③）

控除された外国所得税の額は，その集団投資信託の収益の分配の額の計算上，その収益の分配の額に加算されます（所法176④，180の2④）。

以下は，これらの計算例ですが，D）の税引後分配金は，外国株式の配当5,000から国内の所得税・住民税515円を控除した3,985円ですので，国内外の二重課税は源泉徴収の段階で排除されます（措法9の3の2③一）。

（計算例）

公募T投資信託の運用資産は全て外国株式です。外国株式の配当金総額が5,000円，配当に課される国外の源泉税率が10％（500円），分配金（普通分配金）原資が4,500円の場合の源泉徴収税額C）と税引後分配金D）の計算は次のとおりです。

A）普通分配金　　　4,500円

B）外国所得税額　　500円

C）源泉徴収税額　　515円

　所得税　　　　　（4,500＋500）×15％−500＝250円

　復興特別所得税　（4,500＋500）×15％×2.1％＝15円

　住民税配当割　　（4,500＋500）×5％＝250円

D）税引後分配金　　4,500−515＝3,985円

　　　　　　　　　＝（4,500＋500）×（1−0.20315））

（3）　分配時調整外国税相当額の控除

イ　概要

居住者が各年において，集団投資信託の収益の分配（所法176③）の支払を受ける場合には，当該収益の分配に係る分配時調整外国税の額（計算例

C）において所得税の額250円の計算上控除された500円）の額のうち一定の金額（分配時調整外国税相当額）は、その年分の所得税及び復興特別所得税の額から控除されます（所法93①、所令220の2、復興財確法33①）。

上記計算例では、所得税の額は、750円（5,000円×15％）と計算され、源泉徴収される所得税の額は250円ですので、源泉徴収税額の計算において控除された500円を分配時調整外国税相当額として控除することにより、二重課税の排除が図られています。

確定申告において、集団投資信託の収益の分配について上場株式等に係る配当所得等の分離課税（措法8の4①）の適用を受ける場合には、その収益の分配に係る分配時調整外国税相当額は、その年分の所得税の額及びその申告分離課税による所得税の額から控除されます（措法8の4③）。

ロ　分配時調整外国税相当額の通知制度

集団投資信託を引き受けた内国法人は、その信託財産について外国所得税（所法176③）を課された場合には、その課されたことを証する書類等の保存義務を負うとともに（所令300⑤）、個人に対して集団投資信託の収益の分配の支払をする場合において、通知外国所得税の額（所令300⑨）があるときは、その個人に対して書面により通知しなければなりません（所令300⑥）。この通知制度の書面は、個人が分配時調整外国税相当額の控除を受ける際に、確定申告所得書等の添付書類となります（所規40の10の2一）。

この通知外国所得税の額は、原則として、源泉徴収所得税から控除された額（計算例C）において所得税の額250円の計算上控除された外国所得税の額500円）と同額となります（所令300⑨）。ただし、運用外貨建資産の割合によっては、通知外国所得税の額が外国所得税の額に満たない場合もあります（所令300⑨かっこ書）。

国内に恒久的施設を有する外国法人（一般的には外国信託会社）が、集団投資信託を引き受けた場合にも同様な取扱いが定められています（所法

176 ③，所令 306 の 2 ③・④・⑦，所規 40 の 10 の 2 二）。

4 外国税額控除制度による二重課税の排除

　分配時調整外国税相当額控除の制度は，2018年の税制改正で創設された国内外の二重課税調整措置ですが，その適用対象は，居住者が集団投資信託の収益の分配を受ける場合において，信託財産について納付した外国所得税の額が対象です（所法 93 ①・④）。

　居住者が，外国所得税を納付することとなる場合に，二重課税を調整するために適用される外国税額控除制度（所法 95）が，分配時調整外国税控除制度の創設によって，縮小されたわけではありません。

　日本の税制が，投資信託の受益権保有者に対してパススルー課税を行うものであれば，分配時調整外国税相当額控除制度が設けられることはなかったと考えられます。

12 | 為替デリバティブ

1 デリバティブとは

（1） 概要

　デリバティブ（derivatives）は，金融派生商品と訳されています。デリバティブは，先物（futures），スワップ（swap），オプション（option）やそれらを組み合わせたものです。企業が保有する資産・負債は，常に価格変動リスクにさらされていますが，デリバティブは，このリスクを軽減するためのツールです。

　先物は，将来の特定期日に，現時点で定めた価格で，特定の資産を売買する取引です。先物は，取引所において反対取引によって決済される先物取引と，取引所を経由しないで，店頭で行なわれる先渡取引の区分があります。先渡取引の例が，銀行と締結する為替予約です。

　スワップは，将来の特定期日に，特定の対象物を交換する行為です。交換する対象物を異なる通貨（例えば円・ドル）とする取引が通貨スワップです。

　オプションは，通貨などについて，所定の期日に，一定の数量を，当事者が定めた価格で買う権利（コールオプション）又は売る権利（プットオプション）です。オプションの所有者は，権利を行使する義務はありません。一方，オプションを売却した者は，オプションの所有者から権利を行使された場合，その権利行使に応ずる義務があります。

（2） デリバティブの資産性

　デリバティブ取引により生ずる正味の債権・債務は，会計上，それぞれ金融資産・負債とされ，時価評価の対象とされます（金融商品に関する会計

基準）。法人税法上もデリバティブの時価評価が必要です（法法61の5①）。

金融資産・負債としてのデリバティブには次のような特徴があります。

イ　金融取引をキャッシュ・フローでとらえること

キャッシュ・フローをそれぞれの期間に対応した割引率で割り引くことにより，キャッシュ・フローを現在価値で認識します。

複数のキャッシュ・フローの現在価値が等しければ，それらのキャッシュ・フローは等価と考えます。スワップ取引は，現在価値が等価なキャッシュ・フローの交換です。オプション取引は，期待収益の現在価値がオプション料の現在価値と等価となる取引です。

ロ　将来のキャッシュ・フローが確定しない場合には，確率・統計値を用いること

例えば，オプションの時価評価で用いられるブラックショールズ式では，正規分布のキャッシュ・フローが仮定されています。

2　法人税法の規定

（1）　デリバティブの定義

法人税法において，デリバティブ取引とは，a)金利，通貨の価格，商品の価格その他の指標の数値としてあらかじめ当事者間で約定された数値と，b)将来の数値の一定の時期における現実の当該指標の数値との差に基づいて算出される金銭の授受を約する取引又はこれに類似する取引であって財務省令で定めるものとされています（法法61の5①，法規27の7①一〜七）。

　一　市場デリバティブ取引（金商法2㉑），店頭デリバティブ取引（金商法2㉒），外国市場デリバティブ取引（金商法2㉓）

　二　当事者が数量を定めた商品について当該当事者間で取り決めた商品

相場に基づき金銭の支払を相互に約する取引その他のこれに類似する取引（商品デリバティブ取引：銀行規13の2の3①一）

三　当事者が数量を定めた算定割当量（地球温暖化対策の推進に関する法律2⑦）について当該当事者間で取り決めた算定割当量の相場に基づき金銭の支払を相互に約する取引（銀行規13の2の3①二）

四　当事者の一方の意思表示により当時者間で，上記二・三の取引を成立させることができる権利を相手方が当事者の一方に付与し，当事者の一方がこれに対して対価を支払うことを約する取引その他これに類似する取引（商品等オプション取引：銀行規13の2の3①三）

五　銀行の特定取引勘定（銀行規13の6の3①）が設けられる選択権付債券売買（当事者の一方が受渡日を指定できる権利を有する債券売買であって，一定の期間内に権利が行使されない場合には，当該権利が解除される取引：銀行規13の6の3⑤四）

六　外国通貨をもって表示される支払手段（外為法6①七）又は外貨債権の売買契約に基づく債権の発生，変更又は消滅に係る取引をその売買契約の締結の日後の一定の外国為替の売買相場により実行する取引（先物外国為替取引）

七　上記一～六に類似する取引（法基通2-3-35～36）

以上のとおり，法人税法上のデリバティブ取引の定義は，租税法律主義（憲法84）の要請もあり，詳細ですが，会計上の概念とその内容において基本的な相違はないものと考えられます。

(2)　為替デリバティブ取引の種類

イ　為替予約

外国為替の売買当事者（銀行・顧客）が，銀行の店頭で，当事者が約定し

た時期に特定の通貨を一定の価格で売買することを約する取引です。

ロ　外国為替証拠金取引

外国為替証拠金取引（FX（Forex：Foreign Exchange）取引）は，証拠金を業者に預託し，主として差金決済による通貨の売買を行う取引です。店頭取引が多く利用されていますが，クリック 365 が，株式会社東京金融取引所に上場されています。

ハ　オプション取引

当事者の一方の意思表示により当時者間で，外国通貨の売買を成立させることができる権利を相手方が当事者の一方に付与し，当事者の一方がこれに対して対価を支払うことを約する取引です。

ニ　スワップ取引

異なる通貨から生ずるキャッシュ・フローを交換する取引です。キャッシュ・フローの交換は，1 回だけでなく，複数回にわたって行われます。各回の交換金額は，スキーム全体を通じて当事者の一方に利益又は損失が生じない金額であれば，任意に定めることができますが，通常は，会計・税務上の取扱を考慮して，直先フラット型（法規 27 の 11 ①一），又は，為替予約型（法規 27 の 11 ①二）のスキームが構築されることが多いようです。

（3）　デリバティブの時価

イ　取引発生時の時価

デリバティブの取引発生時の時価は 0 です。時価が 0 ならば，契約当時者のいずれにも損得は生じませんので，契約が成立します。時価が 0 ならば，デリバティブが金融資産・負債だとしても貸借対照表には計上されま

せん。

　ただし，銀行がデリバティブのスキームを構築するために収受する手数料を含む利益相当額が，オプションの行使価格や，スワップレート等に反映されていますので，契約当初の時価は，マイナスの値（損失発生）となりがちです。しかし，そのような手数料相当額を抽出して期間配分する会計慣行はないと思われます。

　為替予約の場合，予約時の直物為替レートが，例えば1ドル＝150円，期間1年の金利が，それぞれ1％（円），5％（ドル）の場合，それぞれの通貨の1年後の元利合計金額（キャッシュ・フロー）を基礎として計算される（150円×1.01）÷（1ドル×1.05）＝144.28円／ドルを予約レートとする為替予約が可能となります。

　この予約レートは，当事者の将来（この例では1年後）の直物レートの予想に基づいて決定されるのではなく，円とドルの予約締結時の金利水準を基礎として決定される性質を有しますので，高金利通貨の先物（先渡）レート（144.28円／ドル）は，直物レート（150円／ドル）よりも低くなります（高金利通貨の先物ディスカウント）。

ロ　為替予約後に変動する為替予約の時価

　為替予約の時価は，予約締結日においては0ですが，その後の，直物レートと両通貨の金利差の変化によって時価が変動し，最終的には，予約実行日における直物レートと予約レートの差額が利益又は損失として確定します。

3　みなし決済損益額の取扱い

（1）　原則的な取扱い

　デリバティブ取引のうち，事業年度終了の時において決済されていない

もの（未決済デリバティブ取引）があるときは，その時において当該未決済デリバティブ取引を決済したものとみなして算出した利益の額又は損失の額に相当する金額（みなし決済損益額）は，当該事業年度の所得の金額の計算上，益金の額又は損金の額に算入されます（法法61の5①）。

この未決済デリバティブ取引とは，事業年度終了の時において，デリバティブ取引に係る契約が成立しているもののうち，解約，譲渡，オプションの行使・消滅その他の手仕舞いに係る約定が成立していないものとされています（法基通2-3-37）。

みなし決済損益額は，次の区分に応じ，それぞれ定められた金額に相当する金額とされています（法規27の7③，法基通2-3-39）。

一　市場デリバティブ取引等（市場デリバティブ取引（金商法2㉑）・外国市場デリバティブ取引（金商法2㉓））

……金融商品取引所若しくは外国金融商品市場における事業年度終了の日の最終価格により取引を決済したものとした場合に授受される差金に基づく金額又はこれに準ずるものとして合理的な方法により算出した金額

二　店頭デリバティブ取引（金商法2㉒）のうち先渡取引等及び先物外国為替取引（法規27の7①六）

……先渡取引等又は先物外国為替取引につき，当事者間で授受することを約した金額を事業年度終了時の現在価値に割引く合理的な方法により割り引いた金額

三　店頭デリバティブ取引のうち金融商品オプション取引及び商品等オプション取引

……権利の行使により当事者間で授受することを約した金額，事業年度終了の時の当該権利の行使に係る指標の数値及び当該指標の予想される変動率を用いた合理的な方法により算出した金額

四　その他の取引

……一～三に定める金額に準ずる金額として合理的な方法により算出
した金額

　以上の方法により計算したみなし決済損益は，金融資産・負債としての
デリバティブ資産・負債として経理します。みなし決済損益額は，翌事業
年度において，洗替え処理を行い，益金の額又は損金の額に算入します
（法法61の5④，法令120①）。

　例えば，直物レートが160円の時に計上した外貨建売掛金1,000ドルを，
売掛金の決済日に合わせて150円で銀行に売予約（銀行の買予約）していた
とします。決算日において，直物レートが155円，先渡レートが148円と
なった場合，次のような会計処理（税務処理）を行います。

取引日：　売　掛　金　160,000円　／　売　　　　上　160,000円
決算日：　為替差損　　5,000円　／　売　掛　金　5,000円（160円－155円）
　　　　　為替予約　　2,000円　／　為替差益　　2,000円（150円－148円）
　　　　　（デリバティブ資産）
翌期　：　為替差益　　2,000円　／　為替予約　　2,000円
　　　　　　　　　　　　　　　　　　（デリバティブ資産）

(2)　みなし決済損益額の計算を要しないデリバティブ取引

　次の取引（為替予約取引等）は，みなし決済損益額の益金又は損金算入の
対象となりません（法法61の5①かっこ書）。

　(a)　内国法人が，先物外国為替契約等（法規27の11①）により外貨建取引
　　　によって取得し，又は発生する資産又は負債の金額の円換算額を確定さ
　　　せた場合においてその旨を財務省令（法規27の11②）で定めるところに
　　　より帳簿書類に記載したとき（法法61の8②）

　　　この取扱いは，企業会計における為替予約等の振当処理（外貨基準注
　解6）を，法人税法が容認するものです。

この先物外国為替契約等には，先物外国為替契約（法規27の7①六）の他に，スワップ契約のうち，次の要件を満たすものも含まれます。

　　一　その契約の締結に伴って支払い，又は受け取ることとなる外貨元本額（その取引の当事者が元本として定めた外国通貨の金額）の円換算額が満了時円換算額と同額となっていること（法規27の11①一：直先フラット型）。

　　二　その契約に係る満了時円換算額が，その契約の期間の満了の日を外国為替の売買の日とする先物外国為替契約に係る外国為替相場の売買相場により外貨元本額を円換算額に換算した金額に相当する金額となっていること（法規27の11①二：為替予約型）。

(b)　**金融商品取引法が定義するデリバティブ取引**（法規27の11①一）の**うち一定の要件を満たす取引**（法規27の7②：金銭の支払の純額を利息として処理する金利スワップの特例処理の対象取引）

（3）　振当処理の適用場面

以下の通貨スワップ取引を例に解説します。

- ・　甲社（3月決算）は，発行期間2年（0年4月1日〜2年3月31日）のドル建て社債10万ドルを発行
- ・　社債発行時の為替レートは150円／ドル
- ・　利息は年率5%，利払日は，1年3月31日と2年3月31日の2回
- ・　甲社は，0年4月1日に，乙銀行と通貨スワップ契約を締結
- ・　スワップ条件は，契約時の円金利1%，ドル金利5%を反映し，下表のとおり決定（直先フラット型）

取引事象	交換時期	スワップレート	甲社の受取	甲社の支払
当初元本交換	0年4月1日	150円／ドル	15,000,000円	100,000ドル
1回目利息交換	1年3月31日	45円／ドル	5,000ドル	225,000円
2回目利息交換	2年3月31日	45円／ドル	5,000ドル	225,000円
元本償還	2年3月31日	150円／ドル	100,000ドル	15,000,000円

（振当処理の仕訳例）

0年4月1日	現　　金	15,000,000円	／	社　　債	15,000,000円
1年3月31日	社債利息	225,000円	／	現　　金	225,000円
2年3月31日	社債利息	225,000円	／	現　　金	225,000円
2年3月31日	社　　債	15,000,000円	／	現　　金	15,000,000円

　上記仕訳のとおり，振当処理においては金利スワップの時価評価が不要であり，円のキャッシュ・フローに基づく会計処理が法人税法上も容認されています。

（参考：為替予約型）

取引事象	交換時期	スワップレート	甲社の受取	甲社の支払
当初元本交換	0年4月1日	150円／ドル	15,000,000円	100,000ドル
1回目利息交換	1年3月31日	145円／ドル	5,000ドル	725,000円
2回目利息交換	2年3月31日	140円／ドル	5,000ドル	700,000円
元本償還	2年3月31日	140円／ドル	100,000ドル	14,000,000円

（振当処理の仕訳例：一部）

0年4月1日	現　　金	15,000,000円	／	長期前受収益	1,000,000円
				社　　債	14,000,000円
1年3月31日	社債利息	725,000円	／	現　　金	725,000円
2年3月31日	社債利息	700,000円	／	現　　金	700,000円
2年3月31日	社　　債	14,000,000円	／	現　　金	14,000,000円

為替予約型においても，デリバティブの時価評価は不要ですが，利息総額 1,425,000 円と長期前受収益 1,000,000 円の期間配分の問題が，甲社の 1 年 3 月 31 日決算において生じます（法基通 13-2-2-7）。

（4） ヘッジ処理との関係

内国法人がヘッジ対象資産等損失額を減少させるためにデリバティブ取引を行った場合，みなし決済損益額（法法 61 の 5 ①）の繰延べが認められる場合があります（法法 61 の 6 ①）。

ヘッジ処理には，繰延ヘッジ処理と時価ヘッジ処理が認められています。

これらのうち，繰延ヘッジ処理は，ヘッジ対象資産等損失額を減少させるためにデリバティブ取引を行った場合に適用されます。

ヘッジ対象資産等損失額には，期末時換算法（法法 61 の 9 ①一ロ）の対象となる資産又は負債（例えば，外貨建売掛金又は外貨建買掛金）について，その価格の変動にともなって生ずるおそれのある損失は含まれません（法法 61 の 6 ①一かっこ書）。

一方，将来予定されている取引の決済により受け取ることとなり，又は，支払うこととなる金銭の額（キャッシュ・フロー）の変動に伴って生ずるおそれのある損失の額は，ヘッジ対象資産等損失額に含まれますが（法法 61 の 6 ①二），ヘッジの対象は，すでに契約が成立している履行確定取引，又は，主要な取引条件が合理的に予測可能な履行予定取引でなければならないとされています（法基通 2-3-53）。

時価ヘッジ処理は，売買目的外有価証券（法法 61 の 3 ①二）の価格の変動により生ずるおそれのある損失の額を減少させるためにデリバティブ取引等を行った場合において，当該売買目的外有価証券の価額と帳簿価格との差額のうち，ヘッジが有効であると認められる一定の金額を，損金の額又は益金の額とする取扱いです（法法 61 の 7 ①）。

時価ヘッジ処理は，原価法評価が原則とされる売買目的外有価証券に係

る例外的な取扱いと位置付けることができます。

Column

為替オプションの時価

　ドルで輸入代金を支払う輸入企業は，例えば，ドルが150円の時に，ドルの金利が円の金利よりも高ければ，為替予約によって，輸入代金の支払期日にドルを150円よりも安く調達できます。しかし，輸入企業は，輸入代金の支払時に，予約レートよりも直物レートが下がった場合には，できれば直物レートでドルを調達したいと思うはずです。その思いは，経済価値のある権利として売買の対象となり，このような権利から対価を得られるならば権利を売ってもいい，換言すれば義務を負担してもいいと考える相手方が現れます。

　このような権利を購入した輸入企業は，ドルが値下がりすれば，この権利を行使する必要はありませんので，この権利の対価はオプション料の性質を有します。オプションの売手は，オプションの買手が権利を行使しなければ，オプション料を，そのまま返還不要の収益とするチャンスを手にしますので，オプション契約が成立する可能性が生まれます。

　問題は，オプション料の金額をどのように決めるかですが，そのためにオプションの経済的価値を分析する必要があります。その価値は，経済学的には，二つの種類の価値から構成されることが知られています。例えば，オプション契約の対象となる資産（原資産）がドルで，契約時点のドルの価格が150円，契約で定める行使価格が155円の場合，二つの価値は次のように分析できます。

　一つは，原資産（ドル）価格と行使価格との差（150円−155円＝△5円）に相当する本質的価値です。もう一つは，原資産価格の権利行使までの期間における予想変動幅を示す時間的価値です。本質的価値は，原資産の価格に応じて変動し，時間的価値は，残存期間が0となった時点で消滅します。

契約時において，本質的価値がマイナス5円であっても，時間的価値が5円を上回れば，オプションの価値はプラスとなりますので，オプション契約が成立する可能性が生まれます。

　時間的価値は，ドル（原資産）の価格の変動率（ボラティリティ）・オプション契約の残存期間・金利等が上昇（低下）すれば，その分だけ上昇（低下）し，残存期間が0となった時点で消滅します。したがって，本質的価値と時間的価値から構成されるオプションの価値は，オプション契約後において常に変動します。

　これらの変動要素を数値化したオプション価格の計算式がブラックショールズ式です。　法人税法では，オプション料は，事業年度終了の時の当該権利の行使に係る指標の数値及び当該指標の予想される変動率を用いた合理的な方法により算出した金額によって時価評価する必要がありますが（法法61の5①，法規27の7③三），「当該権利の行使に係る指標の数値及び当該指標の予想される変動率」がドルのボラティリティ，「合理的な方法により算出した」手段の一つがブラックショールズ式です。この計算結果は，オプション契約の相手方となった金融機関から入手するのが一般的です。

　このように見てくると，オプション取引に係るみなし決済損益額（法法61の5①）は，オプション契約後において生ずるオプション価値の変動額と言い換えることができそうです。

04

Chapter **3**

補論

Section 1　国際的二重課税の排除・軽減

01　国際的な二重課税問題

1　国際的二重課税の形態とその排除方式

国際的な二重課税は，同一の所得について，その所得が発生する源泉地国と，その所得を享受する者の居住地国が，いずれも所得税の課税を行うことによって生じます。

このような，国際的二重課税を避ける方法には，国外所得に課税しない国外所得免除方式と，源泉地国で課された所得税の額を居住地国の所得税の額から控除する外国税額控除方式があります。

OECD モデル条約は，二重課税の排除方式として，国外所得免除方式（OECD23A）と外国税額控除方式（OECD23B）を規定しています。

日本が締結した租税条約においては，二重課税の排除方式として，国内法（所法95，法法69）と平仄を合わせた外国税額控除方式を採用していますが，外国子会社配当益金不算入制度（法法23の2）が，2009年度の税制改正で創設された以後は，国外所得免除方式が採用されていると考えるむきもあります。本制度創設後の2011年に改正された日蘭租税条約においては，オランダ法人の株式を10%以上保有する日本法人に支払われる配当について，日本国の法令に従うことを条件に，日本国の租税の課税標準から除外することが明記されています（日蘭22②）。

2 外国税額控除方式

（1）　概要

　外国税額控除制度は，居住者等（居住者・内国法人）が，外国所得税（外国所得税・外国法人税）を納付することとなる場合に，所定の控除限度額を限度として，所得税（法人税）の額からの控除を認める制度です（所法95①，法法69①）。

（2）　外国所得税・外国法人税の範囲

　外国の法令に基づき，外国又はその地方公共団体により，個人（法人）の所得に対して課される所得を課税標準とする税です（所令221①，法令141①）。

　所得を課税標準とする税と同一の税目に属する税で，所得を課税標準とする税に代え，個人（法人）の特定の所得につき，徴税上の便宜のため，所得に代え，個人（法人）の収入金額その他これに準ずるものを課税標準として課されるものも含まれます（所令221②三，法令141②三，所基通95-2，法基通16-3-4）。この特定の所得の代表例は，利子・配当，使用料であり，これらの収入金額に対して源泉徴収の方式で課される税がこれに該当します。

（3）　外国税額控除限度額

　その年分（当該事業年度）の所得税（法人税）の額のうち，国外所得金額に対応するものとして計算した次の金額（イ×ロ／ハ）です（所令222①，法令142①）。

　　イ　その年分（各事業年度）の所得税（法人税）の額
　　ロ　調整国外所得金額
　　ハ　その年分の所得総額（当該事業年度の所得金額）
　　イは，外国税額控除の適用前の税額です（所令222①かっこ書，法令142①

かっこ書)。

ロは、所得税法においては、純損失の繰越控除等（所法70①・②, 71）の規定を適用しないで計算した場合の国外所得金額（所法95①, 所令221の2一・二, 221の3①・②, 221の6①）です（所令222③）。ただし、所得総額（所令222②）が上限です（所令222③ただし書）。

分離課税の上場株式等に係る配当所得の金額（措法8の4①）、上場株式等に係る譲渡所得等の金額に係る国外所得金額は、調整国外所得金額に含まれます（措令25の11の2）。

ロは、法人税法においては、欠損金の繰越し（法法57）等の規定を適用しないで計算した国外所得金額（法法69①）から、外国法人税が課されない国外源泉所得に係る所得の金額を控除した金額です（法令142③）。ただし、その金額が当該事業年度の所得金額（法令142②）の90%に相当する金額を超える場合には、90%が上限です（法令142③ただし書）。

これらの国外所得金額は、国外源泉所得（所法95④, 法法69④）に係る所得のみについて所得税（法人税）を課するものとした場合に課税標準となる金額とされていますので（所法95①かっこ書, 法法69①かっこ書）、グロスの収入概念ではなく、ネットの所得概念です（所令221の2, 221の3, 221の6, 所基通95-5〜95-12, 法令141の2, 141の3, 141の8, 法基通16-3-12〜16-3-19の7の2）。

したがって、納税者が、グロスの国外源泉所得を、国外所得金額として控除限度額を計算した場合には、控除限度額が過大に計算されますので、その結果、外国税額控除額が過大となれば、更正処分（通則法24）の対象となる場合がありますので留意が必要です。

ハは、所得税法においては、準損失の繰越控除等（所法70①・②, 71）の規定を適用しないで計算したその年分の総所得金額、退職所得金額及び山林所得金額（所令1②三, 所法22①）の合計額です（所令222②）。

分離課税の対象となる上場株式等に係る配当所得の金額（措法8の4①），上場株式等に係る譲渡所得等の金額は総所得金額に含まれます（措令25の11の2）。

法人税法においては，欠損金の繰越し（法法57）等の規定を適用しないで計算した当該事業年度の所得金額です（法令142②）。

上記算式イ×ロ／ハは，（イ／ハ）×ロと同値なので，外国税額控除限度額は，日本の実効税率（イ／ハ）に国外所得金額（ロ）を乗じた額と理解することもできます。国外所得が，日本の実効税率を上回る率で課税された場合には，その上回って課された外国所得税（外国法人税）の額については，外国税額控除の適用対象から除かれると言い換えることもできます。

（4）　国外源泉所得と外国法人税が課されない（非課税）国外源泉所得

国外源泉所得には，国外事業所等帰属所得（所法95④一，法法69④一）の他に，複数の国外源泉所得が定められています（所法95④二〜十七，法法69④二〜十六）。所得税法上の国外源泉所得には，一定の給与，報酬又は年金（所法95④十）が含まれるのに対して，法人税法にはこの種類の国外源泉所得が規定されていない点に両者の違いがあります。

国外所得金額は，所得税法・法人税法のいずれにおいても，国外事業所等帰属所得（所法95④一，法法69④一）に係る所得（所令221の2一，法令141の2一）と，その他の国外源泉所得（所法95④二〜十七，法法69④二〜十六）に係る所得（所令221の2二，法令141の2二）の金額の合計額とされています（所令221の2柱書，法令141の2柱書）。

非課税国外源泉所得は，法人税のみの概念であり，次の国外源泉所得の区分のうち，それぞれの要件を満たすものをいいます（法令142④）。

一号　次号（二号）の国外源泉所得以外の国外源泉所得

当該国外源泉所得を生じた国又は地域が当該国外源泉所得につき外

国法人税を課さないこととしていること（みなし納付外国法人税の額
（法令142の2③）がある場合を除く）

二号　国外事業所等（法法69④一）に帰せられる国外源泉所得

　　　当該国外源泉所得を生じた国又は地域及び当該事業所等の所在する
　　　国又は地域が当該国外源泉所得につき外国法人税を課さないこととし
　　　ていること

　一号の非課税国外源泉所得には，内国法人が，条約締結国の外国法人か
ら受ける使用料が，同国との租税条約によって免税となる場合が該当しま
すが（法基通16-3-21），同国の国内法・租税条約において，使用料を支払う
法人の本店所在地国に課税が生ずべき国外源泉所得であるにも関わらず，
国外の源泉徴収義務者がその義務を履行していない場合には，「外国法人
税を課さないこととしていること」には該当しません。

(5)　控除対象外国所得税（外国法人税）の範囲

　外国所得税（外国法人税）であっても，次のような税は，控除対象外国所
得税（外国法人税）から除かれます（所法95①かっこ書，法法69①かっこ書）。

(a)　35％超の高率負担の外国法人税の額（法令142の2①）

(b)　通常行われる取引と認められない取引（所令222の2①・②，法令142
　　の2⑤・⑥）に基因して生じた所得に対して課された外国所得税（外国
　　法人税）の額

(c)　所得税（法人税）に関する法令の規定により，所得税（法人税）が課
　　されないこととなる金額を課税標準として課される外国所得税（外国
　　法人税）の額（所令222の2③，法令142の2⑦）

(d)　その他政令で定める外国所得税（外国法人税）の額（所令222の2④，
　　法令142の2⑧）

　上記(c)には，次のような外国法人税の額があります。例えば，外国法人

による自己株式の取得について、法人株主が交付を受ける金銭の額が、その外国法人の資本金等の額のうち、その交付の基因となったその外国法人の株式に対応する部分の金額を超えるときは、その超える部分の金額は剰余金の配当（法法 23 ①一）とみなされます（法法 24 ①五）。さらに、外国法人の所在地国においても、その超える部分の金額に、その外国の税法の規定により、外国法人税が課される場合があります。この場合には、国内外の二重課税が生じますが、その超える金額が、交付の基因となった株式の取得価額を構成する部分に対応するもの（株式譲渡損失相当部分）については、配当と譲渡損失が相殺されて、法人税の課税所得が生ずることはなく、二重課税は生じませんので、その部分に課された外国法人税の額は、控除対象外国法人税の額から除かれます（法令 142 の 2 ⑦一）。

外国子会社から受ける剰余金の配当等の額についても、益金不算入とされていることから（法法 23 の 2 ①・②）、二重課税は生じませんので、その配当等の額に係る外国法人税の額は、控除対象外国法人税の額から除かれます（法令 142 の 2 ⑦三）。

上記(d)には、租税条約締結相手国等において課される外国所得税（外国法人税）の額のうち、当該租税条約の規定により相手国等において課することができることとされる額に相当する金額又は免除することとされる額に相当する金額が含まれます（所令 222 の 2 ④四、法令 142 の 2 ⑧五）。

（6） 外国税額控除の適用時期と繰越控除

イ　外国税額控除の適用時期

外国税額控除の適用時期は、外国所得税（外国法人税）を納付することとなる（納付確定）日の属する年分（事業年度）です（所法 95 ①、法法 69 ①）。納付の確定時期については、現地の法令に基づいて判断すべきですが、明らかでない場合には、国税通則法が定める納付税額の確定時期に関する規定

を援用して判断する実務が定着していると思われます。具体的には，申告納税方式の場合には申告書提出日（通則法16①一），賦課課税方式にあっては賦課決定等の処分日（通則法16①二），源泉徴収方式の場合には所得の支払の時（通則法15②二）にそれぞれ納付確定があったとされます。

　ただし，国税庁は，居住者（内国法人）が継続して外国所得税（外国法人税）を納付することが確定した外国所得税（外国法人税）の額につき，実際に納付した日の属する年分（費用として計上した日の属する事業年度）において外国税額控除を適用することを認めています（所基通95-3，法基通16-3-5）。

　本取扱いは，納付することが確定した外国法人税の控除時期を弾力的に解することを目的とするものですので，未収利子・配当等について支払時に源泉徴収されるべき外国法人税について，未収利子等の計上日の属する事業年度において外国税額控除の適用を受けることまでをも認める趣旨ではありません。

　さらに，予定納付等をした外国所得税（外国法人税）についても，継続適用を条件に，予定納付等の額を年税額の仮払いとみて，年度税額の確定時に外国税額控除の適用を受けることも認められています（所基通95-4，法基通16-3-6）。

ロ　外国税額の繰越控除

　外国税額控除制度は，外国所得税（外国法人税）を納付することとなる年分（事業年度）において，その年分（事業年度）に発生する国外所得金額を基礎とする控除限度額の範囲内の外国税額を控除するものです。その年分（事業年度）の外国所得税が，その年分（事業年度）に発生する国外所得に対して課されているかどうかは問題とされません。

　したがって，ある年の控除限度額が，その年の外国所得税（外国法人税）の額に満たない場合であっても，実際の課税が翌年以降に行われる場合に

は，将来の二重課税を排除するためには，ある年の控除限度額を将来に利用可能とする措置が必要となります。

この必要性に呼応する措置が，外国税額の繰越控除と控除余裕額の繰越使用制度です（所法95②・③，法法69②・③）。繰越期間はいずれも3年です（所令224①，225①，法令144①，145①）。

所得税及び法人税において，これらの規定の適用を受けるには，申告書等への書類の添付・保存等に関する詳細な要件が定められています（所法95⑪，所規42，法法69㉖，法規30）。

（7）　外国税額の必要経費（損金）算入

イ　所得税の取扱い

居住者が，控除対象外国所得税の額につき外国税額控除（所法95）の適用を受ける場合には，その控除対象外国所得税の額は，不動産所得，事業所得，山林所得，雑所得の金額又は一時所得の金額の計算上，必要経費又は支出した金額に算入されません（所法46）。

必要経費又は支出した金額に算入するか，又は外国税額控除をするかの選択は，各年ごとに，その年中に確定した外国所得税の額の全部について行わなければならないとされています（所基通46-1）。

利子・配当・給与・退職・譲渡所得については，必用経費又は支出した金額の概念がありませんので，これらの所得に対して課された外国所得税の額について二重課税を排除するには，外国税額控除の適用を受ける必要がありますが，外国税額控除をする場合には，不動産・事業・山林・雑又は一時所得をその計算の基礎とした外国所得税の額については，必要経費又は支出した金額に算入することはできないとされています（所基通46-1(注)）。

なお，控除対象外国所得税の額を必要経費又は支出した金額に算入した

ときは，前年から繰越された控除余裕額（所令224④），及び，控除限度超過額（所令226⑥）は失われます（所令224②，225②）。

ロ　法人税の取扱い

　法人税法において，外国法人税は，当該事業年度の販売費，一般管理費その他の費用の額として，当該事業年度終了の日までに債務の確定していれば，別段の定めがあるものを除き，当該事業年度の損金の額に算入されます（法法22③二）。

　別段の定めには，法人税額から控除する外国税額の損金不算入規定があります（法法41）。具体的には，内国法人が控除対象外国法人税の額につき，外国税額控除（法法69）の適用を受ける場合には，当該控除対象外国法人税の額を損金不算入とするものです（法法41①）。したがって，外国税額控除の適用を受けない外国法人税の額，及び，外国税額控除の適用を受ける場合における控除対象から除かれる外国法人税の額（法法69①かっこ書，法令142の2）は損金の額に算入されます。

　このように，控除対象外国法人税の額を損金の額に算入するか，損金の額に算入しないで外国税額控除の適用を受けるかは法人の任意ですが，控除対象外国法人税の一部につき外国税額控除の適用を受けるときには，控除対象外国法人税の全額が損金の額に算入されません（法法41，法基通16-3-1）。

　なお，繰越控除の適用を受けていた内国法人が，控除対象外国法人税の額を損金の額に算入したときは，所得税の取扱いと同様に，前事業年度から繰越された控除余裕額，及び，控除限度超過額は失われます（所令144②，145②）。

（8）　みなし外国税額控除

　日本国憲法は，日本国が締結した条約及び確立された国際法規は，これ

を誠実に遵守することを必要と定めていますので（憲法98②），租税条約の定めにより納付したものとみなされる外国税額は，控除対象外国所得税（法人税）に含まれます。

みなし外国税額の存在は，35％超の高率負担の外国法人税の額（法令142の2①）の控除対象外国法人税の額からの除外規定の文言に現れています。

具体的には，外国法人税の額に「我が国が租税条約を締結している条約相手国等の法律又は当該租税条約の規定により軽減され，又は免除された当該租税条約相手国等の租税の額で当該租税条約の規定により内国法人が納付したものとみなされるものの額（みなし外国法人税の額）」が含まれているときは，当該外国法人税の額のうち所得に対する負担が高率な部分の金額は，まずみなし納付外国法人税の額から成るものとすると規定されています（法令142の2③）。

所得税法は，高率負担の外国所得税の額の控除対象外国所得税の額からの除外規定を有していませんが，みなし外国所得税の額が，条約優先により控除対象外国所得税の額に含まれることに変わりはありません。

なお，租税条約実施特例法の施行に関する省令第1条第9号においても，みなし外国税額が定義されており，同省令第10条において，みなし外国税額の控除の申告手続等が定められています。

3　国外所得免除方式

国外所得免除方式は，国外所得を居住者（内国法人）の課税対象から除外する方式です。全世界所得を課税対象としたうえで，外国税額を税額控除する外国税額控除方式と同様に，国際的二重課税の排除が目的です。

所得税法は，国外所得免除方式を採用していませんが，法人税法は外国子会社からの配当を益金不算入とする措置（法法23の2）を設けることにより，国外所得免除方式を部分的に採り入れています。

法人税は，外国子会社配当益金不算入措置を除き，全世界所得を課税対象としていますが，　法人事業税は，応益原則に基づいて課する税の性格から，その課税対象となる事業は，国内で行われる事業に限られており，国外所得免除方式の思想が採り入れられています。

　具体的には，内国法人で，外国にその事業が行われる事務所又は事業所を有する特定内国法人（地法 72 の 19 かっこ書）に課される事業税の課税標準は，外国の事業に帰属する額を控除して計算します（地方 72 の 19，72 の 22①，72 の 24）。

　なお，内国法人が，外国に有する事務所又は事業所は，内国法人が外国に有する恒久的施設（地法 72 五，地令 10）に相当するものとされています（地令 20 の 2 の 19）。

4　外国子会社配当益金不算入制度

(1)　概要

　内国法人に，外国子会社から受ける剰余金の配当等の額（法法 23①一）がある場合には，当該剰余金の配当等の額から，当該配当等の額に係る費用に相当する金額（配当等の額の 5％：法令 22 の 4②）を控除した金額は，益金の額に算入されません（法法 23 の 2①）。

　ただし，剰余金の配当等の額で，その全部又は一部が当該外国子会社の本店所在地国の法令において損金の額に算入されているものについては益金不算入の対象から除かれます（法法 23 の 2②一）。

(2)　外国子会社の要件

　内国法人に，配当益金不算入の対象となる剰余金の配当等を支払う外国子会社（法法 23 の 2①かっこ書）は，次の(a)又は(b)の割合のいずれかが 25％以上であり，かつ，その状態が剰余金の配当等の支払義務が確定する日以

前6月以上継続している必要があります（法令22の4①）。

(a) 当該外国法人の発行済株式等のうち，当該内国法人が保有している割合

(b) 当該外国法人の発行済株式等のうちの議決権のある株式等のうち，当該内国法人が保有している割合

なお，租税条約の二重課税排除条項において，25％未満の割合が定められている場合には，その二重課税排除条項に定める割合以上とされます（法令22の4⑦）。

この二重課税排除条項とは，我が国以外の締約国の居住者である法人が納付する租税を我が国の租税から控除する定めとされており（法法22の4⑦かっこ書），我が国が間接外国税額控除制度によって二重課税を排除することを定めている条項を意味します。

例えば，日豪租税条約第25条第2項(b)は，「オーストラリア内において取得される所得がオーストラリアの居住者である法人により，当該法人の議決権のある株式又は発行済株式の10％以上を配当の支払義務が確定する日に先立つ6箇月の期間を通じて所有する日本の居住者である法人に対して支払われる配当である場合には，日本国の租税からの控除を行うにあたり，当該配当を支払う法人によりその所得について納付されるオーストラリアの租税を考慮に入れるものとする。」と定めており，「日本国の租税からの控除を行うにあたり，当該配当を支払う法人によりその所得について納付されるオーストラリアの租税を考慮に入れるものとする」の文言は，2009年に廃止された我が国の間接外国税額控除制度を意味します。

日米租税条約も，2019年改正前の第23条第1項(b)に，日豪租税条約と同様の規定を有していましたが，改正後は，「合衆国内において取得される所得が，配当であって，合衆国の居住者である法人により当該法人の発行済株式の10％以上を当該配当の支払義務が確定する日に先立つ6箇月の

期間を通じて所有する日本の居住者である法人に対して支払われるものである場合には，当該配当は，日本国の租税の課税標準から除外することに関する日本国の法令の規定（株式の所有に関する要件に係る規定を除く）に従い，日本国の租税の課税標準から除外される。」に改められましたので，日米租税条約においては，配当の二重課税は我が国の受取配当益金不算入制度によって排除されることが明記されました。

したがって，米国子会社からの配当に関する外国子会社配当益金不算入の適用については，改正後の日米租税条約第23条第1項(b)は，法人税法施行令第22の4第7項の二重課税排除条項には該当せず，条約優先（憲法98②）により，保有割合25％以上の要件（法法23の2①）については，10％以上と読み替えるべきものと考えられます。

(3)　外国子会社から受ける配当等に係る外国源泉税等の損金不算入

内国法人が，外国子会社から受ける剰余金の配当等の額につき，外国子会社配当益金不算入（法法23の2①）の適用を受ける場合には，当該剰余金の配当の額に係る外国源泉税の額は損金の額に算入されません（法法39の2）。さらに，外国子会社から受ける剰余金の配当等の額に係る外国法人税の額は，控除対象外国法人税の額から除外されます（法令142の2⑦三）。

外国子会社配当益金不算入制度の適用を受けない外国子会社配当に係る外国源泉税（外国法人税）の額については，損金の額に算入されます（法法22③二）。

(4)　保存書類等

外国子会社配当益金不算入（法法23の2①）の適用は，確定申告書，修正申告書又は更正請求書に益金の額に算入されない剰余金の配当等の額及びその計算の明細を記載した書類の添付があり，かつ，財務省令（法規8の5①）で定める書類を保存している場合に限り適用されます（法法23の2⑤

前段)。

　益金の額に算入されない金額は，当該金額として記載された金額が限度です（法法23の2⑤後段）。

（5）　外国子会社合算税制との関係

イ　概要

　外国子会社合算税制により，内国法人の収益の額とみなされ，益金の額に算入された金額（措法66の6①）を原資として，外国法人が配当を行った場合には，配当と合算課税との二重課税を排除する要請が生じます。二重課税の一部は，外国子会社配当益金不算入制度（法法23の2①）によっても排除可能ですが，租税特別措置法において，より精緻な二重課税排除措置が設けられています（措法66の8）。

ロ　持株割合25%以上等の要件を満たさない外国法人からの配当

　内国法人が，持株割合25%以上等の要件を満たさない外国法人（外国子会社（法法23の2①かっこ書）に該当しない外国法人）から受ける剰余金の配当等の金額がある場合には，当該配当等の金額のうち当該外国法人に係る特定課税対象金額に達するまでの金額は，益金の額に算入されません（措法66の8①一）。

ハ　持株割合25%以上等の要件を満たす外国法人からの配当

　内国法人が，外国法人から受ける剰余金の配当等の額（外国子会社配当益金不算入制度（法法23の2①）の適用を受ける部分の金額に限る）がある場合には，当該剰余金の配当等の額のうち当該外国法人の特定課税対象金額に達するまでの金額についての益金不算入金額の計算については，費用相当額（配当5%）を控除しないで計算します（措法66の8②）。

ニ　特定課税対象金額

　上記ロ・ハの特定課税対象金額とは，次の(a)(b)の金額の合計額をいいます。平たく言えば，当期及び直前 10 年以内の合算対象金額から，既に配当を受けた金額（二重課税調整済金額）を控除した残額（課税済金額）です。

(a)　外国法人に係る課税対象金額（措法 66 の 6 ①），部分課税対象金額（措法 66 の 6 ⑥），金融子会社等部分課税対象金額（措法 66 の 6 ⑧）で，内国法人が当該外国法人から剰余金の配当等の額を受ける日を含む事業年度において，益金の額に算入されるもののうち，内国法人が保有する請求権等勘案直接保有株式等の割合を乗じた金額（措法 66 の 8 ④一，措令 39 の 19 ②）。

(b)　外国法人に係る課税対象金額等（措法 66 の 6 ①・⑥・⑧）で，内国法人が当該外国法人から剰余金等の配当等の額を受ける日を含む事業年度開始の日前 10 年以内に開始した各事業年度において，益金の額に算入されたもののうち，当該内国法人が保有する請求権等勘案直接保有株式等の割合を乗じた金額から，前 10 年以内の各事業年度おいて当該外国法人から受けた剰余金の配当等の額を控除した課税済金額（措法 66 の 8 ④二，措令 39 の 19 ③）。

ホ　配当源泉税の取扱い

　外国法人から受ける剰余金の配当等の額うち，特定課税対象金額に達するまでの金額は，上記ロ・ハにより益金の額に算入されませんが，当該配当等の額に係る外国法人税の額は，控除対象外国法人税の額から除かれます（法法 142 の 2 ⑧一）。

02 | 租税条約

1 | 租税条約の意義

日米租税条約の正式名称は,「所得に対する租税に関する二重課税の回避及び脱税の防止のための日本国政府とアメリカ合衆国政府との間の条約」です。

この名称から,租税条約の対象税目が所得税であることが分かります。租税条約の目的の一つが,所得に対する租税の二重課税の回避にあることも分かります。租税条約には,二重課税の排除方法について,締約国の国内法の定めに応じて,外国税額控除法式又は国外所得免除方式が定められています。二重課税は,所得の源泉地国が自国の課税を軽減することによっても可能となりますので,租税条約には,源泉地国の課税権を制限する多くの条項が設けられています。

さらに,租税条約には,脱税の防止を目的とした情報交換,徴収共助に関する規定が設けられています。

2 | 租税条約の種類

上述した日米租税条約は,日本国とアメリカ合衆国政府との間の二国間条約ですが,二国間条約には,所得税を対象とする条約以外にも,相続税を対象とする日米相続税条約(遺産,相続及び贈与に対する租税に関する二重課税の回避及び脱税の防止のための日本国とアメリカ合衆国との間の条約)の例があります。租税の情報交換を主目的とする二国間租税条約もあります。

近年では,税務執行共助条約(租税に関する相互行政支援に関する条約),BEPS 防止措置実施条約(税源浸食及び利益移転を防止するための租税条約関連

措置を実施するための多数国間条約）のような多国間条約も締結されています。

BEPS 防止措置実施条約は，多国間条約ですが，同条約の規定のうち両国が合意した内容を，既存の二国間条約に上書きする機能をも果たしており，財務省は統合された条文を公表しています。

国内法にも，租税条約の種類に言及する条項があります。所得税法・法人税法は，恒久的施設を，「次に掲げるものをいう。」としたうえで，「ただし，我が国が締結した所得に対する二重課税の回避又は脱税の防止のための条約において次に掲げるものと異なる定めがある場合には，その条約の適用を受ける非居住者又は外国法人については，その条約において恒久的施設と定められたもの（国内にあるものに限る。）とする。」と規定し，対象とする租税条約の種類を明らかにしています（所法2①八の四，法法2十二の十九）。

租税条約実施特例法においても，租税条約を「我が国が締結した所得に対する租税に関する二重課税回避又は脱税の防止のための条約」（実特法2一），租税条約等を「租税条約及び租税相互行政支援協定（租税条約以外の我が国が締結した国際約束で，租税の賦課若しくは徴収に関する情報を相互に提供すること，租税の徴収の共助若しくは徴収のための財産の保全の共助をすること又は租税に関する文書の送達の共助を定める規定を有するものをいう。）をいう」と定義し（実特法2二），租税条約には様々な種類があることを明らかにしています。

3　租税条約と国内税法との関係

（1）　概要
憲法第98条第2項は，「日本が締結した条約及び確立された国際法規は誠実に遵守することを必要とする。」と定め，税法と抵触するような条約

が締結された場合には，条約が優先適用されることを示しています。

　一方，憲法第84条は，「あらたに租税を課し，又は，現行の租税を変更するには，法律又は法律の定める条件によることを必要とする。」と定めていますので，租税条約の規定を根拠にあらたに租税を課すことはできないものと解されています（租税法律主義）。

　租税条約の規定が国内税法に優先適用されるとしても，租税条約の規定を具体的に国内税法に適用する際には，その適用関係を明確にする必要があり，そのために租税条約実施特例法（租税条約等の実施に伴う所得税法，法人税法及び地方税法の特例等に関する法律）が立法されています。

　例えば，利子・配当・使用料等の投資所得（相手国居住者等配当等）に対して，所得が生じた締約国が課すことができる租税の額が，相手国居住者等配当等の額の15％を超えないものとすると定められている場合，租税条約実施特例法は，この15％を限度税率と定義し（実特法2五），限度税率の定める租税条約の規定のあるものに対する所得税法・租税特別措置法の規定（所法170，179，213①，措法3①，8の2①・③・④，9の3，9の3の2①等）の適用については，当該限度税率がこれらの規定の税率以上である場合を除き，限度税率によって課税するとしています（実特法3の2①）。

　さらに同法は，「第2条（定義）から前条までに定めるもののほか，租税条約等の実施及びこの法律に関し必要な事項は，総務省令，財務省令で定める。」とする省令への包括的な委任規定を有しています（実特法12）。

　特例法の委任を受けた財務省令は，相手国居住者等は，その支払を受ける相手国居住者等配当等（実特法3の2①）につき，源泉徴収されるべき所得税（所法212①・②等）について，租税条約の規定に基づき軽減又は免除を受けようとする場合には，所定の事項を記載した租税条約に関する届出書を，最初にその支払を受ける日の前日までに，源泉徴収義務者を経由して，当該源泉徴収義務者の納税地の所轄税務署長に提出しなければならないと定めています（実特規2）。

相手国居住者等が，租税条約に関する届出書を提出しない限り，源泉徴収義務者は国内法の税率による源泉徴収義務を履行する必要がありますが，租税条約の限度税率を超えて納付された所得税の額は，租税条約に違反するものであり，国の不当利得なので，誤納金として還付されるべき性質を有するものと考えられます（通則法56①）。

ただし，還付されるべき誤納金であったとしても，還付加算金の計算の起算日は，還付金に係る国税の納付があった日の翌日ではなく（通則法58①），還付金の請求があった日の翌日から起算して1月を経過する日とされています（実特規15①三）。

源泉徴収税額に誤りがあった場合の還付は，国税の納税者である源泉徴収義務者（源泉徴収等による国税を徴収して国に納付しなければならない者：通則法2五）に対して行われますが，租税条約実施特例法（規則）は，源泉徴収義務者ではなく，非居住者又は外国法人が還付を請求することができるとしています（実特法3②，実特規2⑧・⑨）。租税条約に関する源泉徴収税額の還付請求書（様式11）にも，記載すべき還付金の受取場所等として，日本国外の預金口座が選択肢に加えられています。

(2)　租税条約に異なる定めがある場合の国内源泉所得

イ　所得源泉地の定め

租税条約において，国内源泉所得につき国内法（所法161，法法138）と異なる定めがある場合には，その条約の適用を受ける者については，これらの規定にかかわらず，国内源泉所得は，その異なる定めがある限りにおいて，その租税条約の定めによるところによります（所法162①第一文，法法139①第一文）。

例えば，工業所有権等の使用料については，国内において業務を受ける者から受けるもので当該業務に係るものが国内源泉所得とされていますが

（使用地主義：所法 161 ① 十一），日中租税協定第 12 条第 5 項においては，その支払者が一方の締約国の居住者である場合には，その居住者の行う業務の内容とは関係なく，一方の締約国内において生じたものとされます（債務者主義）。

　貸付金利子についても，国内において業務を行う者に対する貸付金で，当該業務に係るものの利子が国内源泉所得とされていますが（使用地主義：所法 161 ① 十），日中租税協定第 11 条第 6 項においては，その支払者が一方の締約国の居住者である場合には，貸付金の使途とは無関係に，一方の締約国において生じたものとされます（債務者主義）。

　なお，日豪租税条約第 22 条第 1 項は，一方の締約国の居住者が取得する所得，利得又は収益であって，他方の締約国において租税を課することができるもの（日豪 6〜8，10〜18）は，当該他方の締約国の租税に関する法令の適用上，当該他方の締約国内において生じたものとされるとしていますが，この種の所得に対して相手国において外国所得税（外国法人税）が課される場合には，外国税額控除の適用上，国外源泉所得とされます（所法 95 ④ 十六，所令 225 の 13，法法 69 ④ 十五，法令 145 の 12）。

ロ　課税方法

　租税条約に所得源泉地について国内法と異なる定めがある場合において，国内源泉所得とされた所得について，国内法の国内源泉所得の種類に基づく課税関係（所法 164，法法 141）が生ずるかどうかについては，疑問が生ずるところです。

　例えば，日印租税条約は，いわゆる使用料条項（日印 12）において，技術者その他の人員によって提供される役務を含む経営的若しくは技術的性質の役務又はコンサルタントの役務の対価としての全ての支払金を，技術上の役務に対する料金と定義し（日印 12 ④），その所得源泉地を，使用料（日印 12 ③）とともに債務者主義により決定する条項を有しています（日印

12⑥）。技術上の役務に対する料金からは，支払者のその雇用する者に対する支払金及び自由職業者の独立の人的役務の対価としての個人に対する支払金が除かれていますので（日印12④かっこ書），技術上の役務に対する料金は，国内法の国内人的役務の提供事業の対価（所令282三，法令179三）の所得源泉地が，債務者主義に変更された国内源泉所得として取り扱われるものと解されます（所法161①六，162①第一文，法法138①四，139①第一文）。

　この場合，インド法人に対する技術上の役務に対する日本での課税関係は，源泉徴収に関する規定（所法212①，213①）の適用を受けたうえで，各事業年度の国内源泉所得に係る所得を課税標準とする法人税が課されるものと考えられます（法法141二）。

　なぜなら，租税条約が人的役務の提供事業所得の規定（法法138①四）に代わって，国内源泉所得を定めているときは，その租税条約により国内源泉所得とされたものが，国内における人的役務の提供事業所得とみなされるからです（法法139①第2文）。

　なお，技術上の役務の料金には，使用料と同様に10％の軽減税率の適用がありますので，法人税・源泉所得税の課税の上限は，技術上の役務に対する料金の額の10％ですが（日印12②），使用料（所法161①十一）としての課税関係（所法178，179）が生ずるわけではありません。

4　租税条約に用いられている用語の定義と解釈

（1）　一般的な用語の意義

　次の用語については，それぞれ次のような定義が与えられています。

・「者」には，個人，法人及び法人以外の団体を含む（OECD3①a，日米3①
　(e)等）。

・「企業」は，あらゆる事業の遂行に用いる（OECD3①c），日米3①(g)等）。

・「国民」とは，一方の締約国との関連において，次の(i)及び(ii)に掲げる者をいう（OECD3①g)）。

(i) 当該一方の締約国の国籍又は市民権を有する個人

(ii) 当該一方の締約国の法令によりその地位を与えられた全ての法人，パートナーシップ及び団体

・「事業」には，自由職業その他の独立の性格を有する活動を含む（OECD3①h），日米3①(l)等）

・一方の締約国による条約の適用に際しては，条約において定義されていない用語は，文脈により別に解釈すべき場合又は権限のある当局が相互協議に従い異なる意義に合致した場合を除くほか，この条約の適用を受ける租税に関する当該一方の締約国の法令において当該用語がその適用の時点で有する意義を有するものとする（OECD3②，日米3②等）。

(2) 居住者

OECD モデル条約においては，この条約の適用上，「一方の締約国の居住者」とは，当該一方の締約国の法令において，住所・居所，事業の管理の場所その他これらに類する基準により当該一方の締約国において租税を課されるべきものとされる者をいいます（OECD4①）。ただし，当該一方の締約国内源泉のある所得又は当該一方の締約国に存在する財産のみについて課税される者は含まれません（OECD4①ただし書）。

この「事業の管理の場所」は，居住地国の判定に管理支配地基準を採用している国が締結する租税条約において，居住者を定義する場合に採り入れられています（例：日英4①，日星4①，日香4①(a)(iii)）。

なお，我が国の所得税・法人税法は，居住地国の判定に本店所在地基準を採用し，内国法人を，「国内において本店又は主たる事務所を有する法人をいう」と定義し（所法2①六，法法2三），管理支配地基準を採用してい

ませんが，外国子会社合算税制の経済活動基準においては，管理支配基準の考え方を採り入れています（措法66の6②ニイ(2)，同三ロ）。

5 租税条約の適用対象となる相手国居住者

（1）　概要

　日米租税条約は，この条約に別段の定めがある場合を除くほか，一方又は双方の締約国の居住者である者のみに適用されます（日米1①）。「一方の締約国の居住者」とは，当該一方の締約国の法令の下において，住所，居所，市民権，本店又は主たる事務所の所在地，法人の設立場所その他これらに類する基準により当該一方の締約国において課税を受けるべきものとされる者をいいます（日米4①）。他の租税条約においても，概ね同様の規定が置かれています。

　ただし，当該一方の締約国において課税を受ける者であっても，当該一方の締約国内に源泉のある所得又は当該一方の締約国内にある恒久的施設に帰せられる所得のみについて租税を課される者は含まれません（日米4①ただし書）。

（2）　課税上存在しない団体又は仕組みに対する租税条約の適用

　OECDモデル条約は，租税条約の適用対象者が，一方又は双方の締約国の居住者である者としたうえで（OECD1①），いずれか一方の締約国の租税に関する法令の下において全面的に若しくは部分的に課税上存在しないものとして取り扱われる団体若しくは仕組みによって又はこのような団体若しくは仕組みを通じて取得される所得は，一方の締約国における課税上当該一方の締約国の居住者の所得として取り扱われる限りにおいて，当該一方の締約国の居住者の所得とみなすとしています（OECD1②）。

　この「全面的に若しくは部分的に課税上存在しないものとして取り扱わ

れる団体若しくは仕組み」とは，典型的にはパートナーシップです。「課
税上存在しない」とは，団体又は仕組みの所得ではなく，団体又は仕組み
の構成員に対して課税が行われることを意味します。

BEPS防止措置実施条約第3条1にも，同様の規定が置かれており，既
存の二国間条約を上書きしているものもあります（例：日英4⑤）。

(3) 特殊な企業形態に対する日米租税条約の適用

米国のLLC（Limited Liability Company），リミテッド・パートナーシップ
（LPS：Limited Partnership）等が，当該一方の締約国（米国）において課税を受
けるべきものとされる者（居住者）に該当するならば（日米4①），日米租税
条約が定める他方の締約国（日本）の課税権を制限する規定（使用料（日米
12）等）の適用を受けることによって，条約の特典が与えられるはずです。

米国は，check-the-box規則に基づき，株式会社のように常に法人とし
て課税される団体を除き，納税者は，LLCやLPS等の団体の所得について
法人としての課税を受けるか，又は，団体の構成員の所得としてパスス
ルー課税を受けるかを選択することができます。日本には，このような選
択を可能とする制度はありませんので，ある団体が法人に該当すると判断
される場合には，その法人の所得が，その構成員（株主・社員）にパスス
ルー課税されることはありません。

このような両国の税制を前提として，日米租税条約の適用を受ける居住
者の所得は，次のように定められています（日米4⑥）。

(a)　一方の締約国（日本）において取得される所得であって，

(i)　他方の締約国（米国）において組織された団体を通じて取得され，
　　かつ，

(ii)　他方の締約国（米国）の租税に関する法令に基づき当該団体の受益
　　者，構成員又は参加者の所得として取り扱われるもの

に対しては，当該一方の締約国（日本）の租税に関する法令に基づき当該受益者，構成員又は参加者の所得として取り扱われるか否かにかかわらず，当該他方の締約国（米国）の居住者である当該受益者，構成員又は参加者（この条約に別に定める要件を満たすものに限る）の所得として取り扱われる部分についてのみ，この条約の特典（当該受益者，構成員又は参加者が直接に取得したものとした場合に認められる特典に限る）が与えられる。

(b) 一方の締約国（日本）において取得される所得であって，

(i) 他方の締約国（米国）において組織された団体を通じて取得され，かつ，

(ii) 他方の締約国（米国）の租税に関する法令に基づき当該団体の所得として取り扱われるもの

に対しては，当該一方の締約国（日本）の租税に関する法令に基づき当該団体の所得として取り扱われるか否かにかかわらず，当該団体が当該他方の締約国（米国）の居住者であり，かつ，この条約に別に定める要件を満たす場合にのみ，この条約の特典（当該他方の締約国（米国）の居住者が取得したものとした場合に認められる特典に限る）が与えられる。

(c) 一方の締約国（日本）において取得される所得であって

(i) 両締約国（日米）以外の国において組織された団体を通じて取得され，かつ，

(ii) 他方の締約国（米国）の租税に関する法令に基づき当該団体の受益者，構成員又は参加者の所得として取り扱われるもの

に対しては，当該一方の締約国（日本）又は当該両締約国（日米）以外の国の租税に関する法令に基づき当該受益者，構成員又は参加者の所得として取り扱われるか否かにかかわらず，当該他方の締約国（米国）の居

住者である当該受益者，構成員又は参加者（この条約に別に定める要件を満たすものに限る）の所得として取り扱われる部分についてのみ，この条約の特典（当該受益者，構成員又は参加者が直接に取得したものとした場合に認められる特典に限る）が与えられる。

(d)　一方の締約国（日本）において取得される所得であって
（ⅰ）　両締約国（日米）以外の国において組織された団体を通じて取得され，かつ，
（ⅱ）　他方の締約国（米国）の租税に関する法令に基づき当該団体の所得として取り扱われるもの
に対しては，この条約の特典は与えられない。

(e)　一方の締約国（日本）において取得される所得であって
（ⅰ）　当該一方の締約国（日本）において組織された団体を通じて取得され，かつ，
（ⅱ）　他方の締約国（米国）の租税に関する法令に基づき当該団体の所得として取り扱われるもの
に対しては，この条約の特典は与えられない。

　(a)は，米国 LLC の米国居住構成員が，米国でパススルー課税を選択している状況です。(c)は，第三国 LLC の米国居住構成員が，米国でパススルー課税を選択している状況です。これらの場合，LLC に支払われる日本を源泉地とする使用料（所法 161 ①十一）のうち，米国において LLC の構成員の所得として取り扱われる部分を免税（20％源泉分離課税（所法 178，179 一，212 ①，213 ①一）の免税）とする特典が与えられます。
　租税条約実施特例法は，この所得を「外国法人が支払いを受ける配当等のうち，租税条約の規定において当該外国法人の株主等である者（当該相

手国等の居住者とされるものに限る）の所得として取り扱われる部分（株主等配当等）」と定義し，租税条約の限度税率が，適用されるとしています（実特法3の2③，実特規2の2①）。租税条約において免税とされている株主等配当等も，国内法の適用上，免税とされます（実特法3の2④，実特規2の2①）。

(b)は，米国 LLC が米国で法人課税を選択している状況です。この場合，LLC に支払われる日本を源泉地とする使用料（所法161①十一）のうち，米国 LLC の所得として取り扱われる部分を免税（20%源泉分離課税（所法178，179一，212①，213①一）の免税）とする特典が与えられます。

租税条約実施特例法は，この所得を，相手国団体配当等と定義し，租税条約が定める軽減税率又は免税の取扱いが国内法に適用されることを明らかにしています（実特法3の2⑤・⑥，実特規2の3①）。

6 租税条約の特典制限（Limitation on Benefits）

日米租税条約は，一方の締約の居住者（日米4①）で他方の締約国において所得を取得するものは，この条約の特典を受けるために別に定める要件を満たし，かつ，一定の要件を満たす適格居住者（日米22①(a)～(f)）に該当する場合に限り，各課税年度において，この条約の特典（この条約の他の条の規定により締約国の居住者に対して認められる特典に限る）を受ける権利を有するとしています（日米22①）。

適格居住者に該当しなかった居住者であっても，能動的事業活動基準を満たすことを条件に，条約の特典を受けることが認められます（日米22②）。

さらに，適格居住者に該当しない居住者が，能動的事業活動基準を満たすことができなくても，権限のある当局が，当該締約国の法令又は行政上の慣行に従って，当該居住者の設立，取得又は維持及びその業務の遂行が

この条約の特典を受けることをその主たる目的の一つとするものでないと認定するときは，この条約の特典を受けることができるとしています（日米22④）。

このような特典制限条項は，租税条約実施特例法においては，特典条項とされ，租税条約に基づく特典を受ける権利を有する者を，一又は二以上の類型別に区分された基準を満たす相手国居住者等に制限する旨を定める当該租税条約の規定は特典条項に含まれます（実特規9の2②一）。日米租税条約第22条は，適格居住者を定義し，さらに能動的事業活動基準により，租税条約の特典を有する者を制限していますので特典条項に該当します。

特典条項が適用される租税条約の規定は，特定規定と定義され（実特規9の2①かっこ書），特定規定に基づき所得税・法人税の軽減・免除を受けようとする場合には，所定の事項（実特規9の2①一～九）を記載し，居住者証明書等（実特規則9の2①十・十一）が添付された適用届出書等を，申告納税に係る所得税・法人税の確定申告書に添付して提出する必要があります（実特規9の2①）。

日米租税条約の特典制限条項は，適用される条項を限定していませんので，全てが特定規定に該当するものと解されます。一方，日英租税条約の特典制限条項においては，適用対象とする所得を配当，利子，使用料，譲渡収益，その他の所得（日英10③，11①，12，13，21）に限定していますので（日英22①），これらの規定が特定規定です。

源泉徴収に係る所得税につき特典条項に係る規定の適用を受ける場合には，租税条約に関する届出書等（実特規2，4①～⑤，5，6，7～9）に，特典条項の適用を受けることができるとする理由の詳細（実特規9の2①三・九）を記載した特典条項条約届出書等（居住者証明書等要添付）を，支払を受ける都度，源泉徴収義務者を経由して，当該源泉徴収義務者の所轄税務署長に提出する必要があります（実特規9の5①）。

特定制限条項（Limitation on Benefits：LOB）は，租税条約の濫用防止のた

めの規定ですが，BEPS 行動計画 6（租税条約の濫用防止）は，LOB の他に，主要目的テスト（Principal Purpose Test：PPT）を，二国間の租税条約に採り入れることを勧告しています。PPT を導入した日独租税条約は，PPT を「この協定の他の規定にかかわらず，全ての関連する事実及び状況を考慮して，この協定の特典を受けることが当該特典を直接又は間接に得ることとなる仕組み又は取引の主たる目的の一つであったと判断することが妥当である場合には，当該特典を与えることがこの協定の関連する規定の目的に適合することが立証されるときを除き，その所得については，当該特典は，与えられない。」と規定しています（日独 21 ⑧）。

Section 2　消費税

　企業のクロスボーダー取引では，物品やサービスの消費地国において，消費税が課されるのが通例です。消費税は消費に担税力を見出す税ですが，最終的な消費行為を対象として課される消費税と，最終的な消費行為の前段階の事業者間取引においても課税が行われ，最終消費に向けて税の段階的な転嫁が予定されている消費税に大別できます。

　日本の消費税は，後者に属する税ですが，国外の事業者が，インターネットを通じて，日本の消費者に直接的にサービスを提供することが可能となるにつれて，その消費に対して，いかなる方法で消費税を課すかが問題となり，2015年の消費税法の改正において，クロスボーダー取引の役務提供に対する課税が見直されました。

　以下は，改正後の消費税の概要について，クロスボーダー取引を中心として，解説を試みたものです。

1　消費税の課税対象

(1)　概要

　消費税の課税対象は，国内において事業者が行った資産の譲渡等（特定資産の譲渡等に該当するものを除く）及び特定仕入れです（消法4①）。また，保税地域から引き取られる外国貨物も課税対象です（消法4②）。

　資産の譲渡等とは，事業として対価を得て行われる資産の譲渡及び貸付け並びに役務の提供をいいます（消法2①八）。「資産」の範囲については，取引の対象となる一切の資産をいうから，棚卸資産又は固定資産のような有形資産のほか，権利その他の無形資産が含まれるとされています（消基通5-1-3）。

（2）　資産の譲渡等

　資産の譲渡には，金銭以外の資産の出資行為（現物出資）が含まれます（消法2①八かっこ書，消令2①二）。

　資産の貸付けには，資産に係る権利の設定その他他の者に資産を使用させる一切の行為が含まれます（消法2②，消基通5-4-1，5-4-2）。著作権の利用許諾（著作権法63①）は，他人に資産を使用させる一切の行為に該当しますので資産の貸付けですが（消基通5-4-2(2)），著作権（財産権）の全部又は一部の譲渡（著作権法61①）は資産の譲渡です。

　リース取引が，当該リース取引の目的となる資産の譲渡若しくは貸付け又は金銭の貸付けのいずれに該当するかは，所得税又は法人税の課税所得の計算における取扱い（所法67の2①・②，法法64の2①・②）の例によって判定します（消基通5-1-9）。

　役務の提供の意義及びその範囲等について，国税庁は消費税法基本通達第5章第5節において，その解釈を示しています。

　資産の譲渡等には，次に述べる電気通信利用役務の提供が含まれます（消法2①八の三）。

（3）　電気通信利用役務の提供 （消法2①八の三）

　電気通信利用役務の提供は次のものをいいます。

(a)　資産の譲渡等のうち，電気通信回線を介して行われる著作物（著作権法2①一）の提供（当該著作物の利用の許諾に係る取引を含む）

(b)　その他の電気通信回線を介して行われる役務の提供（電話，電信その他の通信設備を用いて他人の通信を媒介する役務の提供を除く）

　(a)(b)に該当しても，他の資産の譲渡等の結果の通知その他の他の資産の譲渡等に付随して行われる役務の提供は，電気通信利用役務の提供から除かれます。

(a)の「電気通信利用回線を介して行われる著作物の提供」については，「提供」の意義が明らかではありませんが，著作物（著作権法２①一）の著作権を有する者（著作権者から利用許諾を受けた者を含む）が，その著作物を複製したデジタル資産（著作複製物）を電気通信回線を介して配信する行為，具体的には，著作複製物の譲渡又は貸付けを意味するものと考えられます（消基通５-８-３(1)(2)(3)）。本号のかっこ書には，当該著作物の利用許諾に係る取引を含むとされていますが，国税庁は，当該著作物の利用許諾に係る取引が，著作権の譲渡又は貸付け（消法４③一，消令６①七）に該当する場合には，電気通信利用回線の利用には該当しないとしています（「国境を越えた役務の提供に係る消費税の課税に関するQ&A」平成28年12月改定，問2-2）。

問2-2の答が導きだされた理由は，著作物の複製用原本の電気通信利用回線を介した配信行為は，電気通信利用役務の提供から除かれる「他の資産の譲渡等に付随して行われる役務の提供」に該当すると判断されたからだと思われます（問2-1参照）。

(b)の「その他の電気通信回線を介して行われる役務の提供」の範囲について，国税庁は「電話，電子メールによる継続的なコンサルティング」を例示していますが（消基通５-８-３(6)），非継続的で単発的なコンサルティングは，電気通信利用役務の提供から除かれるのかという疑問が生じます。単発的なコンサルティングの場合には，そのコンサルティングの実質が，情報の収集・分析等という他の資産（コンサルティングの成果物）の譲渡等に付随することが想定されているのかもしれません（問2-1参照）。

（4） 特定仕入れ

消費税の課税対象のうち特定仕入れとは，事業として他の者から受けた特定資産の譲渡等をいいます（消法４①かっこ書）。特定資産の譲渡等とは，事業者向け電気通信利用役務の提供及び特定役務の提供をいいます（消法２①八の二）。

事業者向け電気通信利用役務の提供は，国外事業者が行う電気通信利用役務の提供のうち，その役務の性質又は取引条件等から，当該役務の提供を受ける者が通常事業者に限られるものをいいます（消法2①八の四，消基通5-8-4）。

特定役務の提供は，資産の譲渡等のうち，国外事業者が行う映画若しくは演劇の俳優，音楽家その他の芸能人又は職業運動家の役務の提供を主たる事業として行う役務の提供のうち，国外事業者が他の事業者に対して行う役務の提供（当該国外事業者が不特定かつ多数の者に対して行う役務の提供を除く）です（消法2①八の五，消令2の2，消基通5-8-5）。

(5)　事業者と国外事業者

事業者とは，個人事業者及び法人をいいますので（消法2①四），法人は，内国法人・外国法人を問わず全て事業者です。個人事業者は，事業を行う個人をいい（消法2①三），個人が雇用契約又はこれに準ずる契約に基づき他の者に従属し，かつ，当該他の者の計算により行われる事業に役務を提供する場合は，事業には該当しません（消基通1-1-1）。したがって，給与所得者が雇用契約に基づき提供する労務は，消費税の課税対象外です。

出向契約に基づき出向先事業者が負担する給与負担金は，事業者に該当しない個人が提供する労務の対価の性質を有するものとして，資産の譲渡等の対価には該当しないとされています（消基通5-5-10）。法人税においても，給与負担金は，出向先法人におけるその出向者に対する給与として取り扱われています（法基通9-2-45）。

国外事業者とは，非居住者（所法2①五）に該当する個人事業者及び外国法人（法法2四）をいいます（消法2①四の二）。

2 　内外判定

　資産の譲渡等が国内で行われたかどうかの判定は，次の場合の区分に応じ，その場所が国内にあるかどうかにより判定します（消法4③）。

イ　資産の譲渡又は貸付けである場合

　当該譲渡又は貸付けが行われる時において当該資産が所在していた場所（当該資産が船舶，航空機，鉱業権，特許権，著作権，国債証券，株券その他の資産でその所在していた場所が明らかでない場合には政令（消令6①）で定める場所）

ロ　役務の提供である場合

　電気通信利用役務の提供（消令2①八の三）である場合を除き，当該役務の提供が行われた場所（当該役務の提供が，国際運輸，国際通信その他の役務の提供で当該役務の提供が行われた場所が明らかでない場合には政令（消令6②）で定める場所）

ハ　電気通信利用役務の提供である場合

　当該電気通信利用役務の提供を受ける者の住所若しくは居所又は本店若しくは主たる事務所の所在地

3 　納税義務者

　事業者は，国内において行った課税資産の譲渡等（消法2①九）（特定資産の譲渡等（消法2①八の二）に該当するものを除く）及び特定課税仕入れ（課税仕入れ（消法2①十二）のうち特定仕入れ（消法4①かっこ書）に該当するもの）について，消費税を納める義務があります（消法5）。

　特定仕入れとは，事業として他の者から受けた事業者向け電気通信利用

役務の提供及び特定役務の提供（特定資産の譲渡等）であり（消法2①八の二・八の四・八の五），いわゆるリバースチャージによる納税義務です（消法28②）。ただし，一般課税が適用される場合における課税売上割合（消法30②・⑥，消令48）が95％以上の課税期間，及び，簡易課税（消法37①）が適用される課税期間については，当分の間，特定課税仕入れはなかったものとされます（平27改正附則42，44②）。

　また，外国貨物を保税地域から引き取る者も納税義務者です（消法5②）。

4　輸出取引等の免税

　消費税は，国内において消費される財やサービスに負担を求める性格から，輸出取引等は免税とされます。

　輸出免税においては，仕入れに係る消費税が控除されますので，事業者の消費税の負担は零です。仕入れに係る消費税の控除が制限される非課税（消法6）とは，この税負担に相違があります。

　免税の対象は，国内における課税資産の譲渡等（消法2①九）です（消法7①）。国外における課税資産の譲渡は免税ではなく，課税の対象外です。

　具体的には，次に該当するものが免税です（消法7①一～五）。

　一号　本邦からの輸出（消基通7-2-1(1)，関税法2①二）として行われる資
　　　　産の譲渡又は貸付け

　二号　外国貨物の譲渡又は貸付け

　三号　国内及び国内以外の地域にわたって行われる旅客若しくは貨物の
　　　　輸送又は通信

　四号　専ら前号に規定する輸送の用に供される船舶又は航空機の譲渡若
　　　　しくは貸付け又は修理で政令（消令17①）で定めるもの

　五号　前各号に掲げる資産の譲渡等に類するものとして政令（消令17
　　　　②）で定めるもの

五号の免税範囲には特許権等の権利（消令6①五），著作権（消令6①七），営業権（消令6①八）等の譲渡又は貸付け（消令6①四〜八）で非居住者（消令1②二，外為法6①六，消基通7-2-15）に対して行われるものが含まれます（消令17②六）。

さらに，非居住者に対して行われる役務の提供で次に掲げるもの以外のものも，この免税範囲に含まれます（消令17②七，消基通7-2-16，7-2-17）。

　イ　国内に所在する資産に係る運送又は保管

　ロ　国内における飲食又は宿泊

　ハ　イ及びロに準ずるもので，国内において直接便益を享受するもの

上記のとおり，消費税法は，政令に非居住者の定義規定を置いていますが，この概念は所得税法が定める非居住者（所法2①五），の定義とは次元が異なるものです。

5　小規模事業者に係る納税義務の免除

(1)　概要

法人は全て事業者ですので，外国法人も消費税の納税義務を負いますが，その課税期間（消法19①二，消法2①十三，法法13・14）に係る基準期間における課税売上高（消法9②）が千万円以下であるものについては，一定の例外規定（消法9の2，12の2等）が適用される場合を除き，納税義務が免除されます（消法9①）。

消費税を納める義務が免除されることとなる事業者であっても，その基準期間における課税売上高が千万円以下である課税期間につき，消費税課税事業者選択届出書（消規11①）を提出した場合には，提出した日の属する課税期間の翌課税期間以後の課税期間中に国内において行う課税資産の譲渡及び特定課税仕入れについては，納税義務は免除されません（消法9④）。

（2）　納税義務の免除の規定の適用を受けない外国法人の還付申告

　外国法人が，日本の得意先向けに，FOB 等の貿易条件で商品を輸出する場合，その商品の引渡し直前の所在場所は国外ですので，その輸出は消費税の課税対象外（不課税）です（消法4③一）。

　その一方で，この外国法人は，国内における営業活動や輸出商品のアフターサービス等のために課税仕入れ（消法2①十二）を行うことがあると思われます。

　このような外国法人が小規模事業者に係る納税義務の免除の規定（消法9①）により納税義務が免除されるならば，仕入れに係る消費税額の還付（消法45①五）を受けるための申告書を提出することができませんが，消費税の課税事業者を選択すれば（消法9④），還付申告書の提出が可能となります（消法46①・③，消規22③）。課税事業者になることができるのは，届出書を提出した日の属する課税期間の翌課税期間以後の各課税期間です（消法9④）。

　このような国内向けの輸出事業を営む外国法人の課税売上割合（消法30②，⑥）は，国内において行った資産の譲渡の対価（分母），国内において行った課税資産の譲渡の対価は，いずれも0なので，数学的には課税売上割合を計算することができませんが，課税売上割合の計算上は0％になるものとされているようです。

　したがって，課税仕入れに係る消費税額の全額控除（消法30①）は認められませんが，個別対応方式によって，課税資産の譲渡等にのみ要する課税仕入れに係る消費税額の控除が認められるものと思われます（消法30②一イ）。この「課税資産の譲渡等にのみ要する」とは，課税資産の譲渡等の定義（消法2①九）の文理解釈上，国内のみならず国外における課税資産の譲渡等にのみ要するものも含まれますので（消法2①九），国外における課税資産の譲渡等にのみ要する課税仕入れに係る消費税額も控除の対象となります。

国税庁はこの点について，国外において行う資産の譲渡等のための課税仕入れ等がある場合には，当該課税仕入れ等について，仕入れに係る消費税額の控除（消法30）の規定が適用されるとし，事業者が個別対応方式を適用するときは，当該課税仕入れ等は課税資産の譲渡等にのみ要するものに該当するとしています（消基通11-2-13）。

6　納税管理人と税関事務管理人

(1)　納税管理人

　国内に事務所及び事業所を有しない外国法人が，消費税の申告書を提出（消法45，46）する際には，消費税の納税管理人を選任する必要があります（通則法117①）。納税管理人を定めたときは，納税地を所轄する税務署長にその旨を届け出なければなりません（通則法117②）。

　このような外国法人の納税地は，外国法人が選択した場所とされます（消法22三，消令43三）。

(2)　税関事務管理人

　外国法人が，FOB（Free on Board：本船甲板渡し条件）等の貿易条件で日本の顧客向けに商品を輸出する場合，外国貨物を保税地域から引き取る者（輸入者）に対して，消費税（輸入消費税）が課されます（消法4②，5②）。

　一方，貿易条件をDDP（Delivered Duty Paid：関税持込み渡し条件）とすれば，輸出者が輸入通関と関税・輸入消費税の納税を済ませ，輸入地の指定場所まで商品を搬送することになりますので，顧客にとっては，輸入通関等の手間を省くことができます。

　この場合，外国法人は，自ら輸入申告その他の通関手続きを処理する必要がありますが，関税法は，本邦内に本店又は主たる事務所を有しない法人である申告者等が，税関関係手続（関税法95④）及びこれに関する事項

（税関関係手続等）を処理する必要があるときには，本邦に本店又は主たる事務所を有する者で，当該税関関係手続等の処理に便宜を有するもののうちから税関事務管理人を定めなければならないとしています（関税法95①）。

（3） 税関事務管理人選任後の課税関係

　DDP条件で通関された商品は，国内で顧客に引き渡されますので，その商品の引渡しは，国内取引として消費税の課税対象となります（消法4①・③一）。外国法人が，このような課税関係を基礎とした消費税の申告書を提出する際には（消法45，46），消費税の納税管理人を別途選任する必要があります（通則法117①・②）。

　なお，税関事務管理人は，外国法人が国内に置く自己のために契約を締結する権限のあるものその他これに準ずるものとして政令で定めるもの（法法2十九ハ，法令4の4⑦・⑧：契約締結代理人）には該当しませんので，法人税の課税対象となる恒久的施設帰属所得（法法4③，138①一）が生ずることはないと考えられます。

7　課税売上割合

（1）　課税売上割合の利用目的

　仕入れに係る消費税額の控除にあたり（消法30①），課税売上高が5億円を超えるとき，又は課税売上割合が95％に満たないときにおいては，控除する課税仕入れ等の税額は，個別対応方式又は一括比例配分方式により計算した金額とされます（消法30②）。

　個別対応方式においては，課税資産の譲渡等にのみ要する課税仕入れ等の税額に，課税資産の譲渡等とその他の資産の譲渡等に共通して要する課税仕入れ等の税額に課税売上割合を乗じて計算した金額を加算した額が控

除されます（消法30②一イ・ロ）。

　一括比例配分方式においては，課税期間における課税仕入れ等の税額に，課税売上割合を乗じた金額が控除されます（消法30②二）。

（2）　課税売上割合計算上の留意点

　課税売上割合とは，事業者が，課税期間中に行った国内において行った資産の譲渡等（特定資産の譲渡等に該当するものを除く）の対価の合計額（分母）のうちに，当該課税期間中に国内において行った課税資産の譲渡等の対価の合計額（分子）の占める割合をいいます（消法30⑥，2①八・九，消令48）。

　分母・分子は，いずれも国内において行う取引に係る資産の譲渡等の対価の額なので，輸出取引（消法7）に係る対価の額は含まれますが，国外取引に係る対価の額は含まれません（消基通11-5-4）。

　なお，次の取扱いに留意する必要があります。

(a)　国内において行われる非課税資産の譲渡等（消法6①，別表1）のうち，輸出取引等（消法7①一〜五）に該当するものを行った場合には，課税資産の譲渡等に係る輸出取引等に該当するものとみなされ，対価の額を分母・分子に加算します（消法31①）。

　　これにより，分母・分子の額に含まれる対価の額には，非居住者（消令1②二）に対する貸付金の利子は該当しますが（消令17③，10①，別表1三），外国銀行の日本支店（居住者：消令1②一）に預け入れられた預貯金の利子は，分母には加算されますが，分子には含まれません。

(b)　国内以外における資産の譲渡等のために資産を輸出した場合，又は，自己の使用のため資産を輸出した場合には，課税資産の譲渡等に係る輸出取引等に該当するものとみなされ，輸出額に相当する額（本邦の輸出港における本船甲板渡し（FOB）価格：消令51④，関税令59の2②）を分母・分子に加算します（消法31②，消令51②・③）。FOB価格は，輸出申告書

の「申告価格（F.O.B.）」欄に円建てで記載することとされています。

この(b)が適用されるのは，国外に支店を設け，その支店において，商品を現地の顧客に販売する場合や，国外支店向けに，本社から備品等を輸出する場合です。

索　引

〈著者紹介〉

丹菊　博仁　（たんぎく　ひろひと）

税理士・米国公認会計士
慶應義塾大学商学部卒業，早稲田大学大学院ファイナンス研究科修了，名古屋国税局，大蔵省国際金融局，東京国税局調査部，都内税理士法人等の勤務を経て，現職。東海税理士会所属。

著者との契約により検印省略

2023年3月20日　初版発行　　実務に直結
企業活動に係る
クロスボーダー取引・国際間投資の
税務

著　　者　　丹　菊　博　仁
発　行　者　　大　坪　克　行
印　刷　所　　美研プリンティング株式会社
製　本　所　　牧製本印刷株式会社

発　行　所　東京都新宿区　　株式　税務経理協会
　　　　　　下落合2丁目5番13号　会社

郵便番号 161-0033　振替 00190-2-187408　電話 (03) 3953-3301 (編 集 部)
　　　　　　　　　　FAX (03) 3565-3391　　　　(03) 3953-3325 (営 業 部)
URL　http://www.zeikei.co.jp/
乱丁・落丁の場合はお取替えいたします。

ISBN978-4-419-06901-8　C3032